教科力シリーズ

小学校体育

高島二郎・川崎登志喜 編著

玉川大学出版部

はじめに

　2012年3月,「スポーツ基本計画」の目標に幼児期からの子どもの体力向上方策の推進が掲げられ, 1985(昭和60)年頃の水準を上回ることができるよう, 今後5年間で体力の向上傾向を維持し, 確実なものとなることを目標としている。小学校における「体育」は1年生90→102時間, 2～4年生90→105時間と, 以前の「小学校学習指導要領」から6年間でトータル57時間の総時間数の増加がみられ, 子どもの体力の低下防止が重要視されている。このように社会的にも体育の役割の一つとして体力向上が注目を集めている。

　体育における教科力とは何か。本書を編集するにあたり執筆者と議論を重ねてきた。とくに, 小学校における体育科は児童が最初に「体育」に触れる機会でもある。そんななか, 東京都教育委員会は小学校教員採用予定者に体育の教え方を教える取り組みを始めた(朝日新聞2011年12月8日朝刊)。それは, 教員希望者向けのアンケートで苦手意識があるとわかったからだという(53%の学生が不安を持っていると回答)。小学校教員は全教科を教えるという特徴を持っているが, 不安を覚える教師の卵たちは体育のどこに不安を抱え, 苦手意識を持っているのか。その多くは教員養成課程の体育に関する講義時間の少なさからくる理論・知識の不足, 自らが児童・生徒の時代にしか経験したことのない実技経験の不足など, 体育の理論・知識不足と実技経験不足がおもな原因であろう。本書はそんな苦手意識の高い体育を指導する際の必携書となるように構成したつもりである。

　第1章から第8章では体育を教えるための基礎的な理論と知識を中心に編纂した。第9章以降では学習指導要領の学習内容ごとに章立てし, 実技を指導するために必要な知識と技能指導のポイントについて, 基本の動作を図式化し, わかりやすく解説した。

小学生で初めて触れる「体育」であるが，その最初の指導者となるのが小学校教員である。「スポーツ好きの体育嫌い」という児童をつくらないために，本書を通じて体育科の教科力を身につけ，「スポーツ好きの体育好き」な児童を育てられる教科力を持った教師になられることを望んでやまない。

　　　　　　　　　　　　　　　　　　　　　　　　川崎登志喜

目次

　　はじめに　3

第1章　体育の特色——9
　1　体育とはなにか（体育の概念）　9
　2　「学習指導要領」の変遷　11
　3　総則と体育　14
　4　スポーツ基本法と学校体育　15

第2章　学習指導要領の読み方——22
　1　学習指導要領の概要　22
　2　学習指導要領　体育科　改訂の趣旨　25
　3　学習指導要領にみる体育科の目標　28

第3章　発育・発達——36
　1　発育の概要　36
　2　運動機能の発達　37
　3　運動指導　44

第4章　小学生の体力——49
　1　小学生の体力の理解　49
　2　児童期の体力要素の明確化　53
　3　運動手段の準備　59
　4　体力測定評価　61

第5章　子どもの生活——64
　1　子どもを取り巻く環境の変化と生活の現状　64

2　運動(遊び)　70
　　3　栄養(食事・ダイエット)　72
　　4　休養(睡眠)　74
　　5　生活リズム向上のための取り組み　75

第6章　小学生に対する運動指導──77
　　1　発達的視点に立つ体育の構成要素　77
　　2　運動技能の捉え方　80
　　3　運動技能の練習・指導　82
　　4　運動好きと運動嫌い　85

第7章　子どもの安全──90
　　1　学校安全　90
　　2　体育活動における安全　92

第8章　保　健──104
　　1　毎日の生活と健康　104
　　2　育ちゆく体とわたし　106
　　3　心の健康，けがの防止　108
　　4　病気の予防　112

第9章　体つくり運動──116
　　1　体つくり運動とは　116
　　2　体ほぐしの運動【全学年】　117
　　3　多様な動きをつくる運動(遊び)【低・中学年】　119
　　4　体力を高める運動【高学年】　123
　　5　指導法の展開　127

第10章　器械運動──130
　　1　基本の動き　130

2　器械・器具を使っての運動遊び　131
　　　3　器械運動　138
　　　4　指導法の展開　143

　第11章　走・跳の運動（遊び）——147
　　　1　基本の動き　147
　　　2　走の運動（遊び）　149
　　　3　跳の運動（遊び）　152
　　　4　指導法の展開　154

　第12章　陸上運動——158
　　　1　基本の動き　158
　　　2　走の運動　159
　　　3　跳の運動　161
　　　4　指導法の展開　163

　第13章　水　泳——166
　　　1　基本の動き　166
　　　2　水遊び　168
　　　3　浮く・泳ぐ運動　172
　　　4　水　泳　176
　　　5　指導法の展開　178

　第14章　ゲ　ー　ム——181
　　　1　ボールゲーム・鬼遊び　181
　　　2　ゲーム　186
　　　3　指導法の展開　190

　第15章　ボール運動——193
　　　1　ゴール型　193

  2 ネット型 197
  3 ベースボール型 200
  4 指導法の展開 203

第16章 表現運動──206
  1 表現リズム遊び 206
  2 表現運動 210
  3 指導法の展開 215

第1章

体育の特色

体育の特色はさまざまな視点でまとめることができるが，ここでは1 体育の概念，2 学習指導要領の変遷，3 総則と体育，4 スポーツ基本法と学校体育，という4つの視点でまとめている。とくに小学校教諭に必要な基本的知識として学習してほしい。現在の体育観やこれからの体育の方向性を考えるには，教育法規だけではなく，歴史やスポーツ基本法など幅広い知識が重要である。

キーワード

運動の教育　学習指導要領　総則と体育　スポーツ基本法
スポーツ基本計画

1　体育とはなにか（体育の概念）

体育着（服）と体操着（服），いまだに「体操の先生」「体操の時間」などと体育を体操と混同して使用する人も少なくない。この考え方では体育は体操で子どもたちの身体を鍛えようということになり，体育を「からだの教育」とする概念にほかならない。宇土正彦[1]は体育概念の変遷を以下のように示している。

　1）からだの教育：健康維持増進，体力向上こそが体育だとする考え。
　2）運動による教育：各種の運動を手段としてすすめる教育のことで，か

らだの教育も含めて広く人間形成に貢献しようとする考え。
3）運動の教育：体育を生涯スポーツへ導こうと意識し，自己の能力に応じて運動に親しむことができるよう人と運動の関わり方を学ばせ，運動それ自体を子どもにとって意味のあるものにしていこうとする考え。この場合，運動は手段ではなく，目的・内容として位置づけられる。

この変遷は「からだの教育」という古い概念から「運動の教育」という新しい概念への移行でもある。

さて，「体育の授業」は体育をどのように捉えるかによって異なるものとなることはこれまでの歴史が証明しているが，「運動」という要素それ自体は体育の概念が変わろうとも最も重要な要素であることは変わらないであろう。大切なことは運動をどこに位置づける（目的か手段か）か，扱い方の基本の方向（上述した3つの概念）をどこに向けるかにある。具体的には「運動を重視すること」と「運動技能を重視すること」の違いを明確にすることである。

1）身体活動に対するまじめな努力の指標として
2）努力すること（積極的な行動の仕方）の重要な意味を学ぶ教材として
3）運動の楽しみ方，親しみ方として

1）では運動技能それ自体よりも努力して運動したかどうかのほうが重視される。つまり，「運動が上手かどうか」よりは「努力して運動したか（まじめに活動したか）」に焦点があてられ，成績評価もまじめに努力したかどうかを重視することになる[2]。努力して練習することは運動技能を高めるうえで重要であるが，単純な繰り返しではなく，工夫を加えて努力しているかや，他人との協力などにも注目し，運動技能は各種の好ましい態度や行動の仕方との関連づけとともに重要な学習内容として扱われる場合が多い。ここでは運動技能を中核に，各種の態度や行動などを総合した形で運動がよき教材とされ，学習の場とされていることになる。それゆえ，評価基準項目として単純な技能中心主義とは異なり，知識や態度などとの調和が前提とされる[3]。運

動技能それ自体よりも，その技能レベルに応じた，さらにはその技能の向上に即応した楽しみ方にこそ学習内容としての一番の中核がある。

　昔から今日まで，体育といえば運動技能を伸ばす指導が主であったり，成績評定では運動技能の優劣が重きをなしたりなど，体育の授業と運動技能との関わりは大きく，その大きさは変化していないように見える。しかしながら，体育の意味するところに即した運動技能の扱い方が理解される授業を心がける必要がある。

2　「学習指導要領」の変遷

(1) 明治から戦前まで

　1872（明治5）年の「学制」の公布は日本教育史上重要なもので，近代教育の出発点と言える。当時，体育は「体術」，保健は「養生法」という教科であった。1873（明治6）年「小学教則改正」が出され，体術は「体操」に変わる。東京師範学校で出版した徒手体操の図解である『体操図』が多くの府県で翻刻出版され諸学校での体操の手引きとなった。1891（明治24）年「小学校教則大綱」が定められ，小学校で教授すべき範囲が示された。この頃は普通体操と兵式体操が並列して行われていたが，1900（明治33）年にスウェーデン体操が紹介され，理論的，実践的な体操が行われるようになっていく。同年，「改正小学校令」により「体操科」が必修となる。また，この頃から体操だけでなく，遊戯やダンスの紹介や研究が盛んになってきた。それは明治30年代に入り普通体操が行き詰まり，種々の体操体系が成立または移入されることになったためであるが，文部省はその統一のために1904（明治37）年「体操遊戯取調委員会」を発足させ，「スウェーデン体操を学校体操として採用すべきもの」とし，さらに「遊戯は体操科の目的に合いするもの」と報告している。

　大正時代に入ると，「学校体操教授要目」（1913（大正2）年）が制定され，1926（大正15）年には改正を公布している。おもな内容は体操（とくにスウェーデン体操）が中心であり，体操科の教材は「体操，教練および遊戯」であった。

　1936（昭和11）年「学校体操教授要目」の第2次改訂を行い，新しい体操の紹介や柔剣道の必修化などが行われた。1941（昭和16）年「国民学校令」が公

布され，これまでの小学校令は根本的に見直され，戦時下の「体錬科」へと移行していく。

(2) 戦後から現在

　戦後，教育の再建が行われるが，最初に1947(昭和22)年「学校体育指導要綱」が発行され，教科の名称が「体育科」に改訂された。この要綱は終戦後2年でつくられたこともあり，単に基本方針を早く立てる必要から生まれたもので，内容はアメリカの教育使節団の報告書に沿って作成された。具体的には教材を体操と遊戯に大別し，さらに体操を徒手・器械とし，遊戯・球技・水泳・ダンスを遊戯として分類したに過ぎなかった。1949(昭和24)年「学習指導要領　小学校体育編」が告示され，学校種別の指導要領として刊行された。ここでは「体育科は教育の一般目標の達成に必要な諸活動のうち，運動とこれに関連した諸活動及び健康生活に関連の深い活動を内容とする教材」とし，体育の目標を①健康で有能な身体を育成する，②よい性格を育成し，教養を高める，と示した。また，教材は「教師の指導のもとに，児童生徒がそれによって学習する材料あるいは活動」であるとし，その選択は目標を分析する立場と文化財としてのスポーツや運動を系統的に配列する立場にあることを述べ，①模倣・物語遊び②リズム遊び・リズム運動③ボール遊び・ボール運動④鬼遊び⑤リレー・陸上運動⑥器械遊び・器械運動⑦徒手体操⑧水遊び・水泳⑨雪遊び・スキー遊び・スキーの9つを掲示した。

　1953(昭和28)年,「学習指導要領」の改訂が行われたが，大きな変化はなく，参考手引き書的な役割であった。ただ，体育の目標については以前の2つから3つへ分けられた。①身体の正常な発達を助け，活動力を高める。②身体活動を通して民主的生活態度を育てる。③各種の身体活動をレクリエーションとして正しく活用することができるようにする。1958(昭和33)年，日本の実情に即したカリキュラムとして「改訂学習指導要領」が公示され，各教科のほかに道徳，特別活動および学校行事などが加わり,「法に示すところに従い地域や学校の実態を考慮し，児童の発達段階や経験に即応して，適切な教育課程を編成するものとする」として基準が示された。従来の要領は教師の参考，手引きであったが，授業時間数の配当も定められ基準性や拘束力が強

化されたことに特徴がある。1966(昭和41)年「青少年の健康と体力」という文部省の報告書によって体格は発達しているが，それにともなう体力が十分でないということが明らかになり，1968(昭和43)年の改訂では体育の使命である体力の向上を目指した目標が示されることになる。それは，「適切な運動の経験や心身の健康についての理解を通して，健康の増進と体力の向上を図るとともに，健康で安全な生活を営む態度を育てる」である。このために，①運動を適切に行わせることによって，強靱な身体を育成し，体力の向上を図る，②運動のしかたや技能を習得させ，運動に親しむ習慣を育て，生活を健全にし明るくする態度を養う，③運動やゲームを通して，情緒を安定させ，公正な態度を育成し，進んできまりを守り，互いに協力して自己の責任をはたすなどの社会生活に必要な能力と態度を養う，④健康・安全に留意して運動を行う能力と態度を養い，さらに健康の保持増進についての初歩的知識を習得させ，健全で安全な生活を営むために必要な能力と態度を養う，の4つを掲げた。この間の体育の目標の変化がよく現れている。また，次節で詳述するが，この改訂の大きな特徴の一つが総則の中に体育の項目を設けたことである。

1970年代以降始まった工業化社会から脱工業化社会への転換は，人々の生活を大きく変えると同時に，スポーツが社会や文化の重要な一領域として認知される契機を生み出した。具体的には，ヨーロッパを中心に始まった「スポーツ・フォー・オール」運動は，スポーツや運動を健康のためだけでなく，生涯の楽しみとして享受すべきとする生涯スポーツの理念に結実していく。

このようなスポーツや運動への人々の需要の変化は，運動を手段として用いる「運動による教育」から運動やスポーツそれ自体の価値を承認する「運動・スポーツの教育」への体育概念の転換をもたらし，この転換は日本の要領にも大きく反映されていった。

1977(昭和52)年の改訂は，技能的目標，体力的目標，社会的目標を従来同様に重視しながらも，運動への愛好的態度の育成を重点目標に位置づけた。この傾向は，1989(平成元)年，1998(平成10)年の要領にも踏襲されるが，平成元年の要領からは技能的目標，体力的目標，社会的目標は，生涯スポーツの能力と態度を育成するという上位目標をより具体化するために，「運動の学

び方」が重視されるとともに,「心と体を一体としてとらえる」ことが上位目標に挙げられ,体育目標と保健の目標のいっそうの関連を強調している。

3　総則と体育

　先述した学習指導要領に示された目標は,3つの時代的枠組みで区分されるのが一般的である。①「新体育」「生活体育」の時期―第1期(1947年以降1957年以前)②基礎的運動能力や体力重視の時期―第2期および第3期(1958年以降より1976年以前)③楽しい体育の時期―第4期,第5期および第6期(1977年以降より現在)そして,学習指導要領の総則に体育に関する事項が登場するのは1977(昭和52)年からである。1968(昭和43)年の要領では,総則の第3で,学校教育活動全体を通じて体力の向上を図ることがうたわれる。同時に「体力づくり」をめざす体力的目標を吸収し,技能的目標,社会的目標に先立って重点目標として強調された。いわゆる総則第3体育は,学校体育に大きな影響を及ぼしている。「体力の向上」「健康安全の保持増進」「日常生活での体育的活動」「生涯スポーツの基礎」を体育科の時間はもちろん特別活動でも考慮するよう強く要請している。次に小学校分の総則部分を示した。

図表1-1　小学校体育の総則

1968(昭和43)年	第1章　総則 第3　体育 健康で安全な生活を営むのに必要な習慣や態度を養い,心身の調和的発達を図るため,体育に関する指導については,学校の教育活動全体を通じて適切に行うものとする。特に,体力の向上については,体育科の時間はもちろん,特別活動においても,じゅうぶん指導するよう配慮しなければならない。
1977(昭和52)年	第1章　総則 3　学校における体育に関する指導は,学校の教育活動全体を通じて適切に行うものとする。特に体力の向上及び健康・安全の保持増進については,体育科の時間はもちろん,特別活動などにおいても十分指導するように努めるとともに,それらの指導を通して,日常生活における適切な体育的活動の実践が促されるよう配慮しなければならない。

1989（平成元）年	第1章　総則 第1　3　学校における体育に関する指導は，学校の教育活動全体を通じて適切に行うものとする。特に体力の向上及び健康の保持増進に関する指導については，体育科の時間はもとより，特別活動などにおいても十分行うよう努めることとし，それらの指導を通して，日常生活における適切な体育的活動の実践が促されるとともに，生涯を通じて健康で安全な生活を送るための基礎が培われるよう配慮しなければならない。
1998（平成10）年	第1章　総則 第1　3　学校における体育・健康に関する指導は，学校の教育活動全体を通じて適切に行うものとする。特に体力の向上及び心身の健康の保持増進に関する指導については，体育科の時間はもとより，特別活動などにおいてもそれぞれの特質に応じて適切に行うよう努めることとする。また，それらの指導を通して，家庭や地域社会との連携を図りながら，日常生活において適切な体育・健康に関する活動の実践を促し，生涯を通じて健康・安全で活力ある生活を送るための基礎が培われるよう配慮しなければならない。
2008（平成20）年	第1章　総則 3　学校における体育・健康に関する指導は，児童の発達の段階を考慮して，学校の教育活動全体を通じて適切に行うものとする。特に，学校における食育の推進並びに体力の向上に関する指導，安全に関する指導及び心身の健康の保持増進に関する指導については，体育科の時間はもとより，家庭科，特別活動などにおいてもそれぞれの特質に応じて適切に行うよう努めることとする。また，それらの指導を通して，家庭や地域社会との連携を図りながら，日常生活において適切な体育・健康に関する活動の実践を促し，生涯を通じて健康・安全で活力ある生活を送るための基礎が培われるよう配慮しなければならない。

出所）文部科学省「小学校学習指導要領」より引用作成

4　スポーツ基本法と学校体育

　2011年6月に「スポーツ基本法」（以下，基本法）が1961年に制定された「スポーツ振興法」（以下，振興法）を全面改訂する方式で，議員立法によって制定された。この基本法の一番の特徴は「スポーツ権」が明記されたことであり，スポーツ権の保障を実質的に全うさせるための諸規定が設定されている。
　ここでは，学校体育と関連のあるいくつかについて説明していく。
　（基本法のあらましは章末の【資料】参照）

(1) 学校体育の充実

　基本法第17条には①体育に関する指導の充実，②スポーツ施設（体育館，運動場，水泳プール，武道場その他のスポーツ施設）の整備，③体育に関する教員の資質の向上，④地域におけるスポーツ指導者などの活用，その他の必要な施策を講ずるよう努めると明記されている。

　振興法は「社会教育法」の特別法という位置づけであったため，学校に関しては対象外であるという意味でも，基本法によって学校体育の充実を明記したことは意味あるものである。しかしながら，学校体育とは何を指す言葉なのか。教科としての「体育」なのか。あるいは，運動部活動まで含めたものなのか。明確にされていない。

　2010年8月，文部科学省は基本法に先立って，今後の我が国のスポーツ政策の基本的方向性を示した「スポーツ立国戦略」を策定している。この中の5つの重点戦略の施策1「ライフステージに応じたスポーツ機会の創造」の中の「(3) 学校における体育・運動部活動の充実」において，「小学校体育活動コーディネーター（仮称）の配置」「体育授業・運動部活動における外部指導者の充実」「新学習指導要領の円滑な実施による体育授業の充実」「体育・保健体育のデジタル教材の作成・配布」「中学生・高校生のスポーツ機会の充実」，さらに「安心して学校におけるスポーツ活動を行うための環境整備」を施策として掲げている。

　とくに，ここで取り上げたいのは「小学校体育活動コーディネーター（仮称）の配置」である。この中で「小学校では体育の専科教員を置いている学校は少なく，指導体制の充実が求められている。このため，小学校全体の体育授業や体育的活動を計画したり，担任とティームティーチングで体育の授業に取り組んだりするとともに，総合型クラブ等地域との連携を図るため，これらを中心となって行う教員等を，『小学校体育活動コーディネーター（仮称）』として配置する」と明記された。小学校の体育活動の充実を図るうえで，ぜひとも導入を期待したいものである。

(2) スポーツ基本計画と学校体育

　スポーツ基本法の規定に基づき，文部科学省は，2012（平成24）年3月，「ス

ポーツ基本計画」を策定した。「スポーツ基本計画」は，スポーツ基本法の理念を具体化し，今後の我が国のスポーツ施策の具体的な方向性を示すものとして，国，地方公共団体およびスポーツ団体などの関係者が一体となって施策を推進していくための重要な指針として位置付けられている。この計画は10年間程度を見通した基本方針であり，10年後の我が国のスポーツ状況を想像できるものとなっている。

【資料】
文部科学省ホームページより
http://www.mext.go.jp/a_menu/sports/kihonhou/attach/1307836.htm

◇スポーツ基本法（平成二十三年法律第七十八号）のあらまし

 1 総則
 （一） この法律は、スポーツに関し、基本理念を定め、並びに国及び地方公共団体の責務並びにスポーツ団体の努力等を明らかにするとともに、スポーツに関する施策の基本となる事項を定めることにより、スポーツに関する施策を総合的かつ計画的に推進し、もって国民の心身の健全な発達、明るく豊かな国民生活の形成、活力ある社会の実現及び国際社会の調和ある発展に寄与することを目的とすることとした。（第一条関係）
 （二） スポーツを通じて幸福で豊かな生活を営むことが人々の権利であることに鑑み、国民が生涯にわたりあらゆる機会とあらゆる場所において、自主的かつ自律的にその適性及び健康状態に応じて行うことができるようにすることを旨として、推進されなければならないこと等、スポーツに関し、基本理念を定めることとした。（第二条関係）
 （三） スポーツに関し、国及び地方公共団体の責務、スポーツ団体の努力等について定めることとした。（第三条〜第七条関係）
 （四） 政府は、スポーツに関する施策を実施するため必要な法制上、財政上又は税制上の措置その他の措置を講じなければならないこととした。（第八条関係）

 2 スポーツ基本計画等
 （一） スポーツ基本計画
 文部科学大臣は、スポーツに関する施策の総合的かつ計画的な推進を図るため、スポーツの推進に関する基本的な計画（以下「スポーツ基本計画」という。）を定めなければならないこととした。（第九条関係）
 （二） 地方スポーツ推進計画
 都道府県及び市町村の教育委員会（その長がスポーツに関する事務（学校における体

育に関する事務を除く。）を管理し、及び執行することとされた特定地方公共団体にあっては、その長）は、スポーツ基本計画を参酌して、その地方の実情に即したスポーツの推進に関する計画（以下「地方スポーツ推進計画」という。）を定めるよう努めるものとすることとした。（第一〇条関係）

 3 基本的施策
 （一） スポーツの推進のための基礎的条件の整備等について、指導者等の養成等、スポーツ施設の整備等、学校施設の利用、スポーツ事故の防止等、スポーツに関する紛争の迅速かつ適正な解決、スポーツに関する科学的研究の推進等、学校における体育の充実等の施策を定めることとした。（第一一条～第二〇条関係）
 （二） 多様なスポーツの機会の確保のための環境の整備について、地域におけるスポーツの振興のための事業への支援等、スポーツ行事の実施及び奨励等の施策を定めることとした。（第二一条～第二四条関係）
 （三） 競技水準の向上等について、優秀なスポーツ選手の育成等、国民体育大会及び全国障害者スポーツ大会、国際競技大会の招致又は開催の支援等、ドーピング防止活動の推進等の施策を定めることとした。（第二五条～第二九条関係）

 4 スポーツの推進に係る体制の整備
 （一） スポーツ推進会議
 政府は、スポーツに関する施策の総合的、一体的かつ効果的な推進を図るため、スポーツ推進会議を設け、文部科学省及び厚生労働省、経済産業省、国土交通省その他の関係行政機関相互の連絡調整を行うものとすることとした。（第三〇条関係）
 （二） 都道府県及び市町村のスポーツ推進審議会等
 都道府県及び市町村に、地方スポーツ推進計画その他のスポーツの推進に関する重要事項を調査審議させるため、条例で定めるところにより、審議会その他の合議制の機関を置くことができることとした。（第三一条関係）
 （三） スポーツ推進委員
 市町村の教育委員会（特定地方公共団体にあっては、その長）は、当該市町村におけるスポーツの推進に係る体制の整備を図るため、社会的信望があり、スポーツに関する深い関心と理解を有し、スポーツの推進のための事業の実施に係る連絡調整等の職務を行うのに必要な熱意と能力を有する者の中から、スポーツ推進委員を委嘱するものとすることとした。（第三二条関係）

 6 国の補助等
 国は地方公共団体、学校法人又はスポーツ団体に対し、地方公共団体はスポーツ団体に対し、それぞれそれらの行うスポーツの振興のための事業に要する経費の一部を補助することができることとした。（第三三条～第三五条関係）

 7 施行期日等
 （一） 政府は、スポーツに関する施策を総合的に推進するため、スポーツ庁及びス

ポーツに関する審議会等の設置等行政組織の在り方について、政府の行政改革の基本方針との整合性に配慮して検討を加え、その結果に基づいて必要な措置を講ずるものとすることとした。(附則第二条関係)
　(二)　この法律は、公布の日から起算して六月を超えない範囲内において政令で定める日から施行することとした。

◇スポーツ基本計画(概要)

　第1章　スポーツをめぐる現状と今後の課題
　1．背景と展望
　スポーツ基本法におけるスポーツの果たす役割を踏まえ、目指すべき具体的な社会の姿として以下の5つを掲示。
① 青少年が健全に育ち、他者との協同や公正さと規律を重んじる社会
② 健康で活力に満ちた長寿社会
③ 地域の人々の主体的な協働により、深い絆で結ばれた一体感や活力がある地域社会
④ 国民が自国に誇りを持ち、経済的に発展し、活力ある社会
⑤ 平和と友好に貢献し、国際的に信頼され、尊敬される国
　2．スポーツ基本計画の策定
　計画の期間は、10年間程度を見通した平成24年度からの概ね5年間。地方公共団体が「地方スポーツ推進計画」を定めるための指針となるよう、国と地方公共団体が果たすべき役割に留意して策定。

　第2章　今後10年間を見通したスポーツ推進の基本方針
　「年齢や性別、障害等を問わず、広く人々が、関心、適性等に応じてスポーツに参画することができる環境を整備すること」を基本的な政策課題とし、次の課題ごとに政策目標を設定。
① 子どものスポーツ機会の充実
② ライフステージに応じたスポーツ活動の推進
③ 住民が主体的に参画する地域のスポーツ環境の整備
④ 国際競技力の向上に向けた人材の養成やスポーツ環境の整備
⑤ オリンピック・パラリンピック等の国際競技大会の招致・開催等を通じた国際貢献・交流の推進
⑥ スポーツ界の透明性、公平・公正性の向上
⑦ スポーツ界の好循環の創出

　第3章　今後5年間に総合的かつ計画的に取り組むべき施策
　1．学校と地域における子どものスポーツ機会の充実
　政策目標：子どものスポーツ機会の充実を目指し、学校や地域等において、すべての子どもがスポーツを楽しむことができる環境の整備を図る。

そうした取組の結果として、今後10年以内に子どもの体力が昭和60年頃の水準を上回ることができるよう、今後5年間、体力の向上傾向が維持され、確実なものとなることを目標とする。
　(1) 幼児期からの子どもの体力向上方策の推進
・「全国体力・運動能力等調査」に基づく体力向上のための取組の検証改善サイクルの確立
・幼児期における運動指針をもとにした実践研究等を通じた普及啓発
　(2) 学校の体育に関する活動の充実
・体育専科教員配置や小学校体育活動コーディネーター派遣等による指導体制の充実
・武道等の必修化に伴う指導力や施設等の充実
・運動部活動の複数校合同実施やシーズン制による複数種目実施等、先導的な取組の推進
・安全性の向上を図るための学校と地域の医療機関の専門家等との連携の促進、研修の充実
・障害のある児童生徒への効果的な指導の在り方に関する先導的な取組の推進
　(3) 子どもを取り巻く社会のスポーツ環境の充実
・子どものスポーツ参加の二極化傾向に対応した、総合型クラブやスポーツ少年団等における子どものスポーツ機会を提供する取組等の推進
・運動好きにするきっかけとしての野外活動やスポーツ・レクリエーション活動等の推進

確認問題

1　体育の概念についてまとめよう。
2　学習指導要領の変遷についてまとめよう。
3　総則体育の意味と変遷についてまとめよう。
4　スポーツ基本計画についてまとめよう。

引用文献
1)　宇土正彦・高島稔・永島惇正・高橋健夫編著『体育科教育法講義』大修館書店，2000年，pp.2-6
2)　朝日新聞朝刊（2011年12月8日付）
3)　大阪教育センターHP，平成14年度大阪府教育センター学習指導要領の変遷
　　http://www.osaka-c.ed.jp/kak/karikenweb/webpdf/hensen.htm

より深く学習するための参考文献

- 国立教育政策研究所HP　http://www.nier.go.jp/
- 高橋健夫・岡出美則・友添秀則・岩田靖『体育科教育学入門』大修館書店，2002年，pp.42-43
- （財）日本学校体育研究連合会HP
  http://www.gakutairen.jp/kenshu/taikai_shidoyoryo.html
- 日本スポーツ法学会編『詳解スポーツ基本法』成文堂，2011年
- 橋本道・古谷太郎執筆『教科（体育）』玉川大学通信教育学部
- 文部科学省HP　http://www.mext.go.jp/a_menu/sports/kihonhou/attach/1307836.htm
- 文部科学省HP，学制百年史
  http://www.mext.go.jp/b_menu/hakusho/html/others/detail/1317552.htm

第2章 学習指導要領の読み方

　各学校における教育課程編成にあたり，文部科学省の定める「小学校学習指導要領」は基準である。前学習指導要領より引き継がれた「生きる力」の理念のもと，「確かな学力」の形成を目指し，学校教育のアカウンタビリティ（合理的な説明を行う責務）に応えるべく各領域の学習指導内容が具体的に明示され，体育的学力の育成がいっそう明確に求められている。端的に，「運動の基礎・基本を培い，もっと愉しい体育」が目指される。教師は，深い内容解釈や教師力向上が求められ，学習指導要領の読み方はますます重要である。

キーワード

生きる力　確かな学力　体系化　豊かなスポーツライフ　最低基準

1　学習指導要領の概要

(1) 学習指導要領とは

　全国のどの地域で教育を受けても，一定の水準の教育を受けられるようにするため，文部科学省では，「学校教育法」などに基づき，各学校で教育課程（カリキュラム）を編成する際の基準を定めている。すべての子どもたちに指導すべき内容の「基準」として示されたものが「学習指導要領」である。

　「学習指導要領」では，それぞれの教科などの目標や大まかな教育内容を定

めている。また，これとは別に，「学校教育法施行規則」で，小・中学校の教科などの年間標準授業時数などが定められている。各学校では，この「学習指導要領」や年間標準授業時数などを踏まえ，地域や学校の実態に応じて，示していない内容を加えて教育課程（カリキュラム）を編成できるとしている。

```
改正 教育基本法（2006年12月22日公布）
改正 学校教育法（2007年6月27日公布）　＊学校教育法施行規則
```

```
学習指導要領（2008年3月28日公布）
【最低基準という大綱的な性格】
```

```
○○版学習指導要領（市町村など）
　＊地方教育行政の組織及び運営に関する法律　など
```

```
各学校　教育課程（カリキュラム）
```

（2）学習指導要領の理念「生きる力」

「生きる力」とは，知・徳・体のバランスのとれた力のことを示し，現行学習指導要領では，1996（平成8）年7月の中央教育審議会答申（「21世紀を展望した我が国の教育の在り方について」）を踏まえ，子どもたちの「生きる力」をよりいっそう育むことを目指している。

たくましく生きるための健康や体力など，変化の激しいこれからの社会を生きるために，「確かな学力【知】」「豊かな人間性【徳】」「健康・体力【体】」をバランスよく育てることが重要だとする理念は前改訂から引き継がれている。

【学習指導要領の理念「生きる力」】
　○基礎・基本を確実に身に付け，いかに社会が変化しようと，自ら課題を見つけ，自ら学び，自ら考え，主体的に判断し，行動し，よりよく問題を解決する資質や能力【知】

○自らを律しつつ，他人とともに協調し，他人を思いやる心や感動する心などの豊かな人間性【徳】
　○たくましく生きるための健康や体力【体】　など

　こうした「生きる力」は，自己の人格を磨き，豊かな人生を送るうえでも不可欠である。また，1990年代半ばから現在にかけて顕著になった，新しい知識・情報・技術が，政治・経済・文化をはじめ社会のあらゆる領域での活動の基盤として飛躍的に重要性を増す「知識基盤社会」の時代などと言われる社会の構造的な変化のなかで，「生きる力」をはぐくむという理念はますます重要性を増している。

　そうしたなか，体育科教育においては，「健康・体力【体】」への直接的なつながりにとどまらず，「確かな学力【知】」「豊かな人間性【徳】」とも密接に関わることとなり，その存在意義は計り知れない。

　教職を目指す者にとって，その職責を十分に理解し，ますます志を高くもつことが大事になるのは言うまでもない。さらには，体育科教育のみの狭い視点だけではなく，教育活動全体の視点から体育科教育を俯瞰して眺めることが重要である。そうした意味でも，まずは学習指導要領の全体像をきちんと把握し，そのうえで体育科としての内容に目を向け，理解を深めていかねばならない。

(3) 学習指導要領の基本的な考え方

　今回の改訂にあたり，まず，「生きる力」の理念を実現するための手だてに対する5つの課題が明確にされた。そして，その5つの課題を受け，学習指導要領改訂の基本的な考え方が提示されている。

【理念を実現するための手だてに5つの課題】
① 「生きる力」の趣旨の共通理解の不徹底
② 教師による指導に躊躇があったとの指摘
③ 知識・技能の習得と課題解決的な学習や探求的な活動との関連性の欠乏
④ 知識・技能を活用する学習活動を行うための授業時数の不十分
⑤ 豊かな心や健やかな体の育成と家庭・地域教育力の低下の検討の不十分

【学習指導要領改訂の基本的な考え方】
① 「生きる力」という理念の共有
❷ 基礎的・基本的な知識・技能の習得　＊
❸ 思考力・判断力・表現力などの育成　＊
④ 確かな学力を確立するために必要な授業時数の確保
❺ 学習意欲の向上や学習習慣の確立　＊
❻ 豊かな心や健やかな体の育成のための指導の充実　＊
＊体育科では，❷を基盤とした❸，❺及び❻が重要

　2008（平成20）年1月の中央教育審議会答申において，学習指導要領などの改善が示されている。とりわけ，体育科の改善の基本方針については，「体を動かすことが，身体能力を身に付ける（❷）とともに，情緒面や知的な発達を促し，集団的活動や身体表現などを通じてコミュニケーション能力を育成（❻）することや，筋道を立てて練習や作戦を考え，改善の方法などを互いに話し合う活動などを通じて論理的思考力をはぐくむことにも資する（❸）ことを踏まえ，それぞれの運動が有する特性や魅力に応じて，基礎的な身体能力や知識を身に付け，生涯にわたって運動に親しむ（❺）ことができるように，発達の段階のまとまりを考慮し，指導内容を整理し体系化を図る」と示され，体育科に求められるところは大きい。「生きる力」を求めるなかにあって，体育科の存在意義は改めて大きくなっているのである。

2　学習指導要領　体育科　改訂の趣旨

(1) 体育科　改訂の趣旨

　まず，2008（平成20）年1月中央教育審議会答申では，体力を「人間の活動の源であり，健康維持のほか，意欲や気力といった精神面の充実におおきくかかわっており，『生きる力』の重要な要素である」と示している。さらには，「子どもたちの体力低下は，将来的に国民全体の体力の低下につながり，社会全体の活力や文化を支える力が失われることにもなりかねない」としたうえで，体育や保健の課題を次のように挙げている。

【体育】の課題
- 運動する子どもとそうでない子どもの二極化
- 子どもの体力の低下傾向が依然深刻
- 運動への関心や自ら運動する意欲，各種の運動の楽しさや喜び，その基礎となる運動の技能や知識など，生涯にわたって運動に親しむ資質や能力の育成が十分に図られていない例も見られること
- 学習体験のないまま領域を選択しているのではないか　など

【保健】の課題
- 今後，自らの健康管理に必要な情報を収集して判断し，行動を選択していくことが一層求められることから，生涯にわたって自らの健康を適切に管理し改善していく資質や能力を育成するために，保健の内容の体系化を図ること
- 生活習慣の乱れが小学校低学年にも見られるとの指摘があることから，小学校低学年における健康に関する学習について，学ぶ内容やその開始時期も含めて改善を図ること　など

これらの指摘をもとに，次の改訂の趣旨が導かれている。

　　小学校の体育，中学校及び高等学校などを通じて，体育科，保健体育科については，その課題を踏まえ，生涯にわたって健康を保持増進し，豊かなスポーツライフを実現することを重視し，改善を図る。
　　　　　　　　　　　　　（2008年1月中央教育審議会答申　一部抜粋）

「生涯学習，生涯スポーツの基礎づくり」という学校教育の位置づけを改訂の趣旨で示している。

(2) 改訂の趣旨と学校教育
　熟練の教師ほど学習指導要領の原点に戻る傾向にある。それは一体どうい

うことか。この改訂の趣旨を学校教育の現場に照らして考えてみよう。

　まず，教師として，「よい体育科の授業」をつくり，確かな学力を保証することは必然である。教科書のない体育科にあって，一見すると運動場や体育館で楽しそうに運動している子どもたちに見えても，実際には運動量が確保されていない，動きのこつが身についていないなど，課題ある授業を目にすることがある。そうした授業を解消すべく，教師は一所懸命に，ひたすらに，さまざまな書物を参考によい授業づくりに向かっているのが現状である。

　教師経験が豊かになるにつれて，子どもの実態をつかめるようになったり，教材の理解が深まったりすることで，より授業づくりが楽しいと思える時期を迎える。教師としての経験を重ね，1時間の授業，単元全体，年間計画，児童の実態把握など，見通しある授業力が大いに向上する。

　しかし一方で，追究し過ぎるがあまり重箱の隅をつつくかのごとく目先の動きや授業にとらわれがちになる教師の姿を目にする。もちろん，動きのこつや本質を追究することは大切である。だが，教師が，子どもの「できる」姿を追究するがあまり，当の子ども自身が運動本来の楽しさや喜びを味わうことができずにいることがある。端的に言えば，教師が運動嫌いの子どもをつくってしまうことがあるのである。これでは本末転倒である。

　「よい体育科の授業」を実践できる教師力を身につけたい。教師の自己満足ではなく，子どもの真の姿に照らした「よい授業」である。熟練の教師にとっても新しい子どもと出会い，その子どもたちの実態に合わせて授業をつくりあげることは簡単ではなく，常日頃より意識する課題である。だからこそ，授業づくりの拠りどころとして，基準として，学習指導要領に立ち返るのである。教師は，改訂の趣旨を念頭におきながら，創意工夫をもって授業をすすめることが大切なのである。そして，細部や時代の流行りにばかり目を凝らすのではなく，こうした俯瞰した見方ができることが教師には重要である。「生涯学習，生涯スポーツの基礎づくり」という，学校教育の中における体育の位置づけを十分に理解して，「よい授業づくり」をすすめるためにも学習指導要領を読むことを習慣化したいところである。

3　学習指導要領にみる体育科の目標

(1) 小学校体育科の目標

　小学校体育科の目標は，小学校教育の中で体育科が分担すべきものを示すとともに，体育科の学習指導を方向付けるものである。また，同時に学習指導要領総則第1章の3に示された学校の教育活動全体を通じて行う「体育・健康に関する指導」の方向を示すものでもある。

　【小学校体育科の目標】
　　心と体を一体としてとらえ，適切な運動の経験と健康・安全についての理解を通して，生涯にわたって運動に親しむ資質や能力の基礎を育てるとともに健康の保持増進と体力の向上を図り，楽しく明るい生活を営む態度を育てる。

　この目標は，心と体を一体としてとらえることを重視し，「運動に親しむ資質や能力の育成」「健康の保持増進」「体力の向上」の3つの具体的な目標が相互に密接な関係をもっていることを示すとともに，体育科の究極的な目標でもある「楽しく明るい生活を営む態度を育てる」ことを目指すものである。
　学校教育法では，小学校において「義務教育として行われる普通教育のうち基礎的なものを施す」ことや「生涯にわたり学習する基盤が培われるようにする」ことが規定されており，本目標では，この視点をより明らかにし，小学校における体育科の担う役割と目指すべき方向性を明確に表すものである。

　1) 心と体を一体としてとらえる
　児童の心身ともに健全な発達を促すためには，心と体を一体としてとらえた指導が重要であり，心と体の発達の状態を踏まえて，運動による心と体への効果，健康，とくに心の健康が運動と密接に関連していることなどを理解することの大切さを示している。そのためには，「体ほぐしの運動」など具体的な活動を通して心と体が深くかかわっていることを体験できるよう指導することが必要である。

2）適切な運動の経験と健康・安全についての理解

　児童が心身の発達的特性に合った運動を実践することによって，運動の楽しさや喜びを味わい，運動に対する親しみを育てるとともに，全人的な発達を目指すようにする。また，児童が身近な生活における学習課題を発見し，解決する過程を通して，健康・安全の大切さに気づき，健康な生活，身体の発育と発達，けがの防止，心の健康および病気の予防についての基礎的・基本的な内容を実践的に理解することが大切である。

3）生涯にわたって運動に親しむ資質や能力の基礎を育てる

　運動への関心，自ら運動をする意欲，仲間と仲よく運動をすること，各種の運動の楽しさや喜びを味わえるよう自ら考えたり工夫したりする力，運動の技能などといった資質や能力を高めるために，個々の能力・適性，興味・関心などに応じて，運動の楽しさや喜びを味わい，自ら考えたり工夫したりしながら運動の課題を解決するなどの学習が重要となる。このことにより，生涯を通じて運動を日常生活の中に積極的に取り入れ，生活の重要な一部とすることを目指している。

4）健康の保持増進と体力の向上を図る

　身近な生活における健康・安全に関する内容を実践的に理解することを通して，自らの生活行動や身近な生活環境における学習課題を把握し，改善することができる資質や能力の基礎を培うようにする。また，各種の運動を適切に行うことによって活力ある生活を支え，たくましく生きるための体力の向上を図ることが大切である。そのためには，発達の段階に応じて高める体力の内容を重点化し，自己の体力や体の状態に応じた高め方を学ぶことはもとより，学習したことを家庭などで生かすなど，体力の向上を図るための実践力を身につけることができるようにすることが必要である。

5）楽しく明るい生活を営む態度を育てる

　小学校教育における体育科の果たす究極的な目標である。生涯にわたって

運動やスポーツを豊かに実践するための資質や能力，健康で安全な生活を営む実践力およびたくましい心身を育てることによって，現在および将来とも楽しく明るい生活を営むための基礎づくりを目指しているものである。

(2) 学習指導要領実施に向けて（読み方と授業づくり）

これまで述べてきた改訂の趣旨に基づき，実際に学校体育の授業づくりにおける具体的なポイントを次にまとめる。

1) 学校体育で完結しない
①生涯にわたって運動に親しむ資質や能力の基礎を培う
「体を動かすことの楽しさ」「スポーツに関わることの楽しさ」など，さまざまな親しみ方を自ら見出せるような肯定的な感情をもてるようにする。一方で，できることそのものを目的とした授業は，運動嫌いを増やしてしまう危惧がある。楽しさの経験と技能の学習のバランスが重要である。
②各種の運動の楽しさや喜びを味わえるようにする
運動の特性による楽しさや喜びを，子どもが授業を通して実感できるようにしたい。
③基礎・基本をしっかりと身につけるようにする
体力と運動技能を「身体能力」という概念で統一的に捉えたうえで，最低限の身体能力として，能力がある子もそうでない子も運動の基礎となる動きを身につけ，「できる」実感を味わえるようにする。

2) 発達段階に応じた「運動の楽しさ」
①「運動を楽しく行う」と「運動の楽しさや喜びを味わう」
学習指導要領の各種の運動における技能の目標には，「次の運動を楽しく行い……」（おもに低・中学年），「次の運動の楽しさや喜びに触れ……」（おもに高学年）と，各領域や発達段階により文言に相違がある。たとえば高学年では，中学年の「楽しくできるようにする」をやや程度を高めて，運動の楽しさや喜びをいっそう深めるところに重点を置いているからである。子どもが，運動を楽しく行うなかで技能のこつを自然と身につけたり，低・中学年からの学

習の積み重ねのうえで運動のこつを身につけたりと,発達段階を踏まえた目標を意識していくことが重要である。

②楽しさの保証と指導内容の習得の一体化

「易しい運動遊びを……」「易しい場や条件のもとで段階的に……」「簡易化された……」など,授業において子ども一人ひとりのやる気を引き出すことが重要である。各種の運動の章において,意図を理解してほしい。

3)指導内容の確実な定着

①指導内容の系統性と明確化

学習指導要領のねらいを達成するためには,1時間の授業はもちろんだが,一方で単元全体や年間の位置付け,これまでの各学年の運動経験などの系統性を,俯瞰した見方で十分に理解しておくことが重要になる。そのうえで,この時間に子どもに身につけさせたい力を定着させるためには「いつ,どこで,何を,どのように」教えるのかを明確化していく。

②運動の取り上げ方の弾力化(2学年のユニット)

指導内容の確実な定着を図ることができるよう,「体つくり運動」以外のすべての指導内容について,2学年のいずれかで取り上げ指導することができる。各種の運動を,2学年のユニットの中で,集中させたり分散させたりとした,各学校の意図や特徴が大いに表れるところとなる。

③発達段階を踏まえた子どもの実態に即した指導

児童の運動への能力・適性,興味・関心などの状況に即した指導が,意図的,計画的に展開されることが大切である。

解説における各学年の目標に照らすと,児童の段階に応じた指導の違いが明らかである。低・中学年が「(1)……体力を養う」と文末に示されているのに対して,高学年では「(1)……高める」と文末が異なる。この文末からも,高学年ではより意図的,計画的なねらいが見てとれる。また,低学年の「(2)だれとでも仲良くし,……」との文言には,言葉のとおり「みんなとかかわり合う」としたねらいがある。これが,「仲間と」「友達と」のような文言に変われば意味合いが異なる。「仲間と」であれば,同じ意図をもった集団

ととれるし,「友達と」となれば,それが1,2人と比較的限定された小集団の意味合いに変わる。

こうした比較については,2学年ユニット間を俯瞰してはじめて理解したり感じたりするところではある。しかしながら,この学習指導要領の読み方の視点こそが,現場の教師にとって,ますます必要とするところとなる。教師経験のない学生にとっては難しいかもしれないが,発達段階を踏まえた,子どもの実態に即した指導の視点は理解していきたい。

4)「体つくり運動」の充実
①すべての学年で行う　＊(旧)「5年生から」→(新)「低学年から」

児童・生徒の体力の慢性的低下傾向の問題に対して,生涯にわたってスムーズに動ける体つくりとして,「体つくり運動」は低学年から位置づけられた。しかし,低・中学年から体力の要素に焦点を当てた直接的な体力を高める運動を行うことは運動嫌いの児童を生み出す可能性もあり,「動きづくりの運動」や「体ほぐしの運動」を中心に内容を構成している。

②日常化

高学年段階での体力づくりは体育の授業時間だけでは十分な効果を期待できないため,家庭や地域社会における日常生活においての習慣形成,いわゆる「自主的な課題学習への期待」が,改訂の趣旨や体育・健康に関する指導に盛り込まれている。

③他領域との関連付け

「学習内容の確実な習得」を命題に,従前の「基本の運動」領域が解体された。他領域では扱われにくい102種ほどの基本的な動きの中から,さまざまな体の基本的な動きを培う運動が示され,他領域と合わせて将来の体力向上につなげる。

5)バランスのとれた学習
①適切な運動経験を通して……

中教審「健やかな体を育む教育の在り方に関する」専門部会では,体育科の目標あるいは学習内容として,「身体能力(体力と運動技能)」「知識,思考・

判断」「態度（社会的態度と価値的態度）」の3つをバランスよく習得させる方針を打ち出している。ただし，運動学習が中心となる小学校の体育では，「知識」が独立した学習内容の領域としては位置づけられてはいない。それは，運動学習では科学的知識や理論的知識を学ぶわけではなく，運動技術（戦術）の認識やルールやマナーなどの社会的行動の認識が中心となるからである。そのような意味で，知識は「身体能力」「社会的態度」「思考・判断」の土台として位置づけられ，「イメージをもつ」「わかる」「気付く」「知る」などの表記により，それぞれの学習内容に吸収させている。

(3) カリキュラムの構造

1) 4：4：4の原則

小学校から高校までの12年間のカリキュラムは，4：4：4で構成され，共通学習から選択学習につなげられている。

【小学1年生～小学4年生】「基礎学習の時期」
　　さまざまな基本的な動きや遊び方を身につける時期
【小学5年生～中学2年生】「探究の時期」
　　多くの領域の運動を体験する時期
【中学3年生～高校3年生】「専門化を図る時期」
　　少なくとも1つの運動を選び継続することができるようにする時期

2) 領域構成と内容

	体系	1・2年生	3・4年生	5・6年生
運動領域	A 体つくり系	【体つくり運動】		
		ア　体ほぐしの運動	ア　体ほぐしの運動	ア　体ほぐしの運動
		イ　多様な動きをつくる運動遊び	イ　多様な動きをつくる運動	イ　体力を高める運動
		(ｱ)体のバランスをとる運動遊び	(ｱ)体のバランスをとる運動	(ｱ)体の柔らかさ及び巧みな動きを高めるための運動
		(ｲ)体を移動する運動遊び	(ｲ)体を移動する運動	(ｲ)力強い動き及び動きを持続する能力を高めるための運動
		(ｳ)用具を操作する運動遊び	(ｳ)用具を操作する運動	
		(ｴ)力試しの運動遊び	(ｴ)力試しの運動	

運動領域	B 器械運動系	【器械・器具を使っての運動遊び】	【器械運動】	
		ア 固定施設を使った運動遊び	ア マット運動	ア マット運動
		イ マットを使った運動遊び	イ 鉄棒運動	イ 鉄棒運動
		ウ 鉄棒を使った運動遊び	ウ 跳び箱運動	ウ 跳び箱運動
		エ 跳び箱を使った運動遊び		
	C 陸上系	【走・跳の運動遊び】	【走・跳の運動】	【陸上運動】
		ア 走の運動遊び	ア かけっこ・リレー	ア 短距離走・リレー
			イ 小型ハードル走	イ ハードル走
		イ 跳の運動遊び	ウ 幅跳び	ウ 走り幅跳び
			エ 高跳び	エ 走り高跳び
	D 水泳系	【水遊び】	【浮く・泳ぐ運動】	【水泳】
		ア 水になれる遊び	ア 浮く運動	ア クロール
		イ 浮く・もぐる遊び	イ 泳ぐ運動	イ 平泳ぎ
	E ボール運動系	【ゲーム】		【ボール運動】
		ア ボールゲーム	ア ゴール型ゲーム	ア ゴール型
		イ 鬼遊び	イ ネット型ゲーム	イ ネット型
			ウ ベースボール型ゲーム	ウ ベースボール型
	F 表現運動系	【表現リズム遊び】	【表現運動】	
		ア 表現遊び	ア 表現	ア 表現
		イ リズム遊び	イ リズムダンス	イ リズムダンス
				ウ フォークダンス
保健領域	G 保健系		【保健】	
			(1) 毎日の生活と健康	(1) 心の健康
			(2) 育ちゆく体とわたし	(2) けがの防止
				(3) 病気の予防

出所) 小学校体育科教育研究会『小学校体育科教育の研究』建帛社，1992年
横浜市立小学校体育研究会「はまっこ体育」

確認問題

1 学習指導要領（体育）改訂の趣旨における課題（体育，保健）を具体的な例を挙げて述べよう。

2 体育科の目標では，実施に向けていくつかのポイントを挙げている。具体的に説明しよう。

3 学習指導要領の読み方が教師にとって重要である理由を述べよう。

4 小学校体育科の領域構成と内容を，系統性をもとに具体的に説明しよ

う。

引用文献・より深く学習するための参考文献
・宇土正彦他『体育科教育法講義』大修館書店，1992年
・小学校体育科教育研究会『小学校体育科教育の研究』建帛社，1992年
・文部科学省「小学校学習指導要領」(2008年3月告示)
・文部科学省「小学校学習指導要領解説　体育編」(2008年8月)
・横浜市教育委員会事務局編『横浜版学習指導要領　評価の手引編』ぎょうせい
・横浜市立小学校体育研究会「はまっこ体育」

第3章

発育・発達

　体育活動の主体は言うまでもなく子どもの心身である。学童期はこの主体が大きく変化する時期である。

　本章ではまず，この変化のうち形態的側面を「発育」とし，機能的側面を「発達」として捉え，全国平均値からその変化を理解する。後半ではこの発育と発達を，体育活動でどのように活用していくのかを，跳，投，ドリブルの具体的動作から考えていく。子どもたちの発育と発達を正確に記録し，評価し，効果的な体育活動へのファーストステップとなることを期待する。

キーワード

発育　発達　分化　統合

1　発育の概要

　教育，とりわけ（保健）体育では発育を，身長，体重，頭囲といった形態の変化ととらえることが多い。文部科学省による，2013（平成25）年度の学校保健統計調査から身長発育をグラフにした（39ページ，図表3-1）。5歳は幼児，6歳を小学1年とし，14歳（中学3年）まで示してある。

　9歳（小学4年）頃までは男子が高い傾向にある。12歳（中学1年）までは逆に女子が高くなり，その後再び男子が高くなる。中学での女子は身長発育が停

滞傾向を示すようになる。また，学童期の身長発育は，男女とも直線的な増加を示している。このことは，年間発育量が一定に近いということである。

この年間発育量を算出し，図表3-2（39ページ）に表した。男子の8〜10歳，女子の10〜11歳以外で，年間5.5〜6.5センチメートルの値を示している。一定に近いテンポで発育しているといえる。女子では10〜11歳でピークをむかえ，その後急速に発育量は減少し，成熟期を迎える。男子は女子より1年遅れ，11歳〜12歳でピークとなる。12〜13歳でも高い値を示し，その後，減少していく。

体重発育を身長と同様の資料から，グラフに示した（40ページ，図表3-3）。10歳頃まで男子が重く，11歳頃には女子が重くなる。その後，再び男子が重くなり，女子は増加が緩やかになっていく。身長と同様の発育を示しているが，身長のように直線的に増加していないことがうかがわれる。凹型の曲線を描き出し，発育量が加齢とともに増加していることを示している。身長と同様に，体重の年間発育量をグラフにした（40ページ，図表3-4）。ピーク年齢は身長と同様であるが，ピークまでの発育量の増加が確認できる。身長は一定の発育量で推移し，体重の発育量は加齢とともに増加することは，体形が変化していることを示している。体形の変化をみるために，BMI指数を算出し，加齢に伴う変化を図表3-5（41ページ）に示した。BMI指数は体重（kg）/身長（m）^{2}で算出できる。男女とも増加を示し，男らしい身体，女らしい身体へ変化していく過程であると思われる。

2　運動機能の発達

発達は発育と異なり，知能，運動機能といった身体機能の変化を表す場合が多い。身体の伸長や充実による筋量が増加し，身体の運動機能に影響するなど，発育との関係が深いものである。文部科学省による，2012（平成24）年度実施の体力・運動能力調査から握力などの加齢変化をグラフにした。まず，図表3-6（41ページ）の握力であるが，6歳から11歳まで，男子が高い値を示し，その後，差が拡大する。増加量は6〜11歳まで男女とも同じテンポで進んでいる。第二次性徴による性ホルモンの分泌により，差が広がると予測で

きる。

　この握力は，瞬発的な筋力を測定しているとされ，持久的な筋力は図表3‐7（42ページ）の上体起こしで測定できるとされる。6～7歳ではそれほどなかった男女差が，8歳頃から徐々に開き始める。7歳頃までは，成熟という過程で筋肉が発達するが，8歳を過ぎるとホルモンバランスの変化から，適度な運動刺激により，筋肥大が起こるとされている。男女の身体活動の差により広がっている可能性がある。

　この傾向は，50メートル走のタイムから換算した走速度（42ページ，図表3‐8），シャトルラン（43ページ，図表3‐9），反復横とび，立ち幅跳びでもみられる。走速度は，6～11歳まで同じテンポで増加しているようだが，12歳から差が広がり，シャトルランは6歳から徐々に差が広がっている。女子では13～14歳の顕著な増加はみられず，シャトルランでは，減少を示している。女子の走速度は14歳，シャトルランでは13歳が成人までの成績では，最高値を示している。多くの体力・運動能力の発達のうち，男女比較から特徴的な変化をみせるのが，長座体前屈である（43ページ，図表3‐10）。6歳から13歳頃まで女子が高い値を示している。増加のテンポは女子は，直線的で身長の伸びに似ており，身長で差が広がる中学生で，男子に逆転されていることも考えられる。男子は凹型の曲線で，体重の増加に似ている。

　では，小学生の体力・運動能力の成人に対する発達度合いは，どのように推移しているのだろうか。図表3‐11（44ページ）に男子の17歳データに対する割合を示した。17歳データを用いたのは，前述した女子の走速度，シャトルラン以外，最高値を示しているからである。女子については示していないが，すべての項目，年齢で女子が高い割合を示していた。女子は男子に比べ，早熟であることを示している。6歳での割合が比較的低い握力と，運動能力で最高値の走速度を男子についてグラフに示した（44ページ，図表3‐12）。握力は7歳からも低い値で推移し，11歳でも50％以下である。高い値で推移しているのが走速度である。この2つの測定項目と比較的似ている項目は，身長と体重である。図表3‐11では，体重が低い値で，身長が高い値で推移している。握力は体重増加に，走速度は身長の伸びに並行して発達していると思われる。

第3章　発育・発達

図表3-1　身長の発育

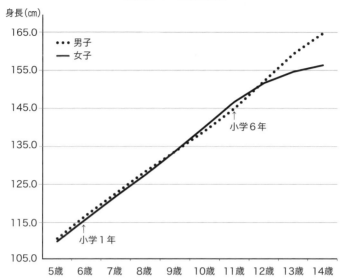

図表3-2　身長の発育速度

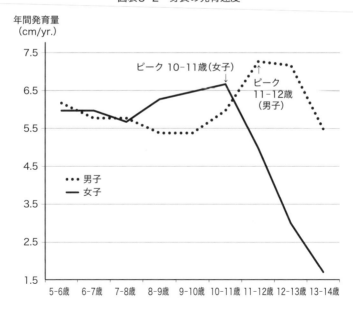

39

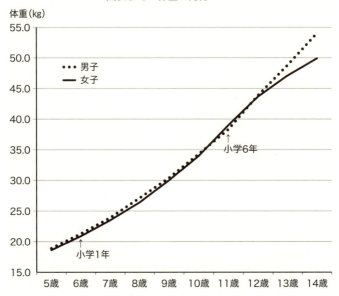

図表3-3 体重の発育

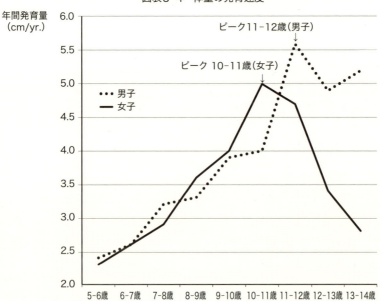

図表3-4 体重の発育速度

図表3-5 BMIの加齢変化

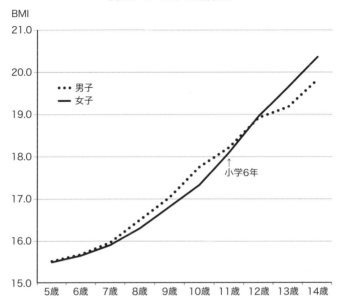

図表3-6 握力の発達

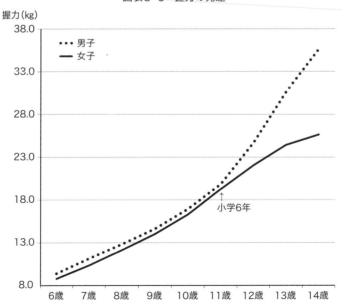

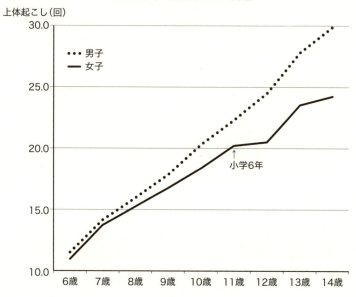

図表3-7　上体起こしの発達

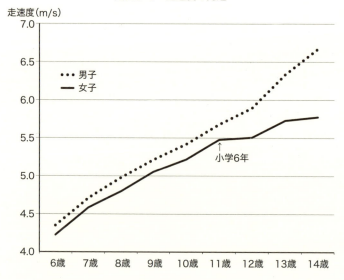

図表3-8　走速度の発達

第3章　発育・発達

図表3-9　シャトルランの発達

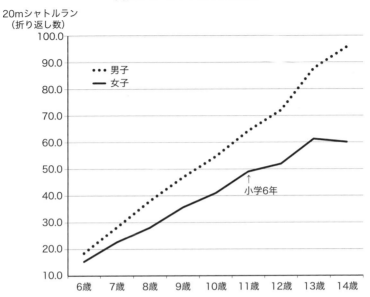

図表3-10　長座体前屈の発達

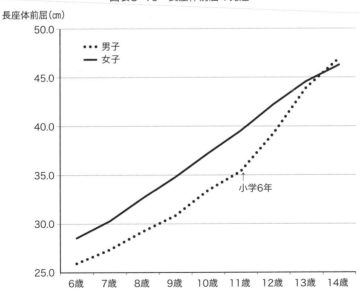

図表3-11　男子の17歳データに対する割合(%)

年齢	握力	上体起こし	長座体前屈	反復横とび	20mシャトルラン	走速度	立ち幅跳び	体重	身長	座高
6歳	21.8	34.9	49.8	45.9	18.9	62.8	49.4	34.1	68.4	70.9
7歳	25.9	42.9	52.5	52.9	28.9	67.9	54.4	38.4	71.8	74.1
8歳	29.8	48.4	56	59.5	39	71.8	59.7	42.8	75.1	76.9
9歳	34	54.1	59.2	65.2	48	75.2	63.1	48.9	78.5	79.6
10歳	39.4	61.5	64.2	72.8	56.1	78.2	67.8	54.3	81.6	82.2
11歳	46.2	67.6	67.9	77.4	65.9	81.9	71.5	61.1	85.1	84.9

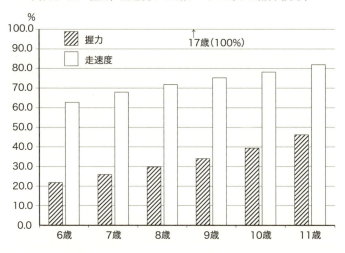

図表3-12　握力，走速度の17歳データに対する割合（男子）

　シャトルランも特徴的な変化をみせる項目である(45ページ，図表3-13)。6歳で男女とも最低の割合を示し，その後急速に向上する。筋組織，呼吸循環器，末梢神経系などの著しい発育，発達により高まった能力といえる。

3　運動指導

　身長，体重の発育から，男性らしい体，女性らしい体へとくに女子は急速に変化する時期である。体力・運動能力は長座体前屈以外，男子が高い値で発達していくが，成熟度合を考えると，女子が成人に近づいている。このよ

第3章　発育・発達

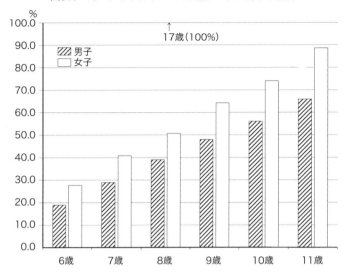

図表3-13　シャトルランの17歳データに対する割合

うに体が変化している小学生に運動を指導する際の工夫を，おもに「分化」と「統合」といった側面から考えてみたい。

　「分化」とは単純なものから複雑なものに変わっていくことである。たとえば左右対称な動きから，左右で違う動きができるようになることである。子ども向けの歌の振付けは，多くの場合左右同じ動きになっている。また，ラジオ体操もとくに前半は左右で同じ動きとなっている。これらのことは，子どもからできる動きを求めた結果であろう。どちらかを動かすと，他方も動いてしまういわゆる随伴運動の消滅が，「分化」の過程として捉えることができる。小学生でバスケットボールのドリブルのつき出しで，ボールが床につく前に両足が動いてしまい，トラベリングのファールをしてしまう。ある時期，急にうまくつき出しができることがある。練習によるものか，成熟の過程でできるようになったかは不明でも，その変化を指摘し，評価してあげることが指導者としては大切である。中学になってできる場合もあることを忘れないでほしい。

　「統合」は部分的な運動がいくつか集まり，目的とする運動が完成していく過程である。図表3-14（46ページ）に立ち幅跳びの発達過程を示した。「首の

図表3-14　跳躍動作の発達

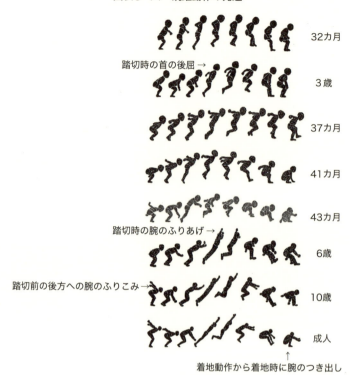

出所）F.A.Hellebrandt, et al., *Physiological analysis of basic motor skills.* 1961. より引用・筆者加筆

後屈」「腕のふりあげ」「腕のつき出し」といった運動を統合し，立ち幅跳びの運動ができあがる。指導の過程では，どの段階にあるかを的確に把握し，具体的な部分的運動を指示することによって，効率のよい運動指導ができる。図表3-15には投動作の発達を示した。立ち幅跳び同様，簡単で具体的な指示により正確な投動作を覚えることができる。なお，この運動はバドミントンのオーバーでの打ち方習得に使える。最後にバスケットボールのドリブルをみてみる（図表3-16）。

「視線はゴール」これは周りの状況を判断するのに役立つ。「逆の手を近く」は左ドリブルへチェンジしやすい，左からのディフェンス対策。「前方につき

図表3-15　幼児の投動作の典型的な6つのパターン

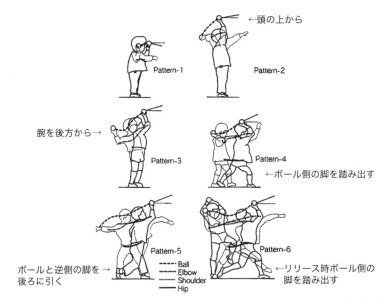

出所）宮丸凱史「投げの動作の発達」『体育の科学』30号，1980年より引用・筆者加筆

図表3-16　ドリブル時の運動の組み合わせ

出す」はボールをけらないため，スピードをつけるため。といった説明も同時に指摘できれば，理解度は向上すると思われる。

　徒競走のスタートは低学年のスタンディングスタートから，高学年になるとクラウチングスタートへ変化する。張力発生の程度の差からこのように変

化するらしい。筋肉の特性に由来するこのような子どもらしい動きが存在するにしても，正しい動きを身につけることは大切であろう。子どもらしい投球フォームを，正しいフォームへと指導することは，スピードや距離を追求せずコントロールを重視して行えば問題ないと思う。教わった動きは，一生身についているということを忘れないでほしい。

確認問題

1　文部科学省のホームページから学校保健統計調査をさがし，身長，体重などについて，過去のデータとの比較を中心に検証しよう。
2　文部科学省のホームページから体力・運動能力調査をさがし，本章で紹介しなかった測定項目についてグラフにして検証しよう。
3　図表3-16の「腕を伸ばし力強いドリブル」はなぜ必要か考察しよう。
4　知っている運動はどのような部分的運動が統合されているか解説しよう。

より深く学習するための参考文献
・小野三嗣『健康をもとめて　幼児期』不昧堂新書2，1972年
・小野三嗣『健康をもとめて　児童・思春期』不昧堂新書3，1972年
・高石昌弘『からだの発達——身体発達学へのアプローチ』大修館書店，2006年
・宮丸凱史「投げの動作の発達」『体育の科学』30号，1980年
・F.A.Hellebrandt,et al., *Physiological analysis of basic motor skills.*1961.

第4章 小学生の体力

　近年子どもの体格はよくなったが体力低下が著しいと言われてきた。この課題に答えるべく文部科学省も「小学校学習指導要領」を改訂して学校現場への指導を続けてきた。この章では体力要素について理解したうえで，児童期の発育発達の特徴を学び，急激に発達する神経系と密接に関係する調整力やその他柔軟性の役割，無気パワー，基礎的持久力について考察する。また，授業の評価として行う体力テストの意味について学び，今後の授業計画に役立ててもらいたい。

キーワード

小学生の体力　神経系型　調整力　運動手段　体力テスト

1　小学生の体力の理解

(1) 子どもの現状

　最近の子どもを見て「昔は……」という大人も多いが，心配なことが多いことは確かである。就学前の子ども達は，基礎的レベルの運動能力が身についていないため，真っ直ぐ走れなかったり，ノーブレーキで正面衝突をするようなことが頻発するので「恐ろしくて鬼ごっこもさせられない」と訴える保育士もいると報告している[1]。これは，幼児だけの問題ではなく児童になっても解決されていないのが現状である。このような問題は，身体活動の少

ない子どもの特徴として，認知課題を行いながら運動課題を行うような，2つの課題を同時に行うデュアルタスク（二重課題）能力が低いためであると述べられている[2]。人は成長に合わせて，この二重課題を基礎に三重課題，多重課題へとその機能を発達させていかなければならない。しかし，子どもの時期に基礎である二重課題を十分なレベルで備えることができなければ，いくら成長したとしてもその発達は期待できない。現代の子どもは安全な環境での活動が多く，集団で遊ぶ経験が少ないために仲間の動きを予測することや，自身の運動制御をする経験に乏しいため状況判断の能力が発達していないと考えることができる。

(2) 体力とその要素

学習指導要領の体育の目標を見ると，授業を通して「技術」を身につけること，「体力」をつけることが要求されていることが理解できる。さらに，教育の現場には体育の目標として，児童が成長し「生涯にわたって運動に親しむ資質や能力の基礎を育てるとともに，健康の保持増進と体力の向上を図ること」が要求されている。教師としては，これらの理解を深め，授業においてその児童の将来像を重ねながら指導をすることになる。そのためには，技術と体力に関する知識，その知識を現場に応用する知識を備える必要がある。

図表4-1を見ると，体力を身体的・精神的能力と精神的・身体的能力に分類して理解することができる。そして身体的・精神的能力については行動力と生命力に分類し，さらに細分化して理解することができる。ここでは，「行動体力」を取り上げて児童期にとって重要な体力要素について理解する。

行動体力は「エネルギーを出す能力」と「エネルギーを効果的に出したり使ったりする能力」で構成されている。エネルギーを出す能力は，無気パワー筋力と持久力とで構成されている。これは，スポーツなどにとっての基礎体力として理解される。また，エネルギーを効果的に出したり使ったりする能力（以後運動を調整する能力）については，調整力と柔軟性が関与していることが理解できる。人は時間経過とともに均一に成長をするわけではない。むしろ成人するまでの成長過程は変化が大きく，とくに児童期は最も大きい変化を遂げるといえるであろう。この児童期には，エネルギーを出す能力もあ

第4章 小学生の体力

図表4-1 体力の総括的なとらえ方

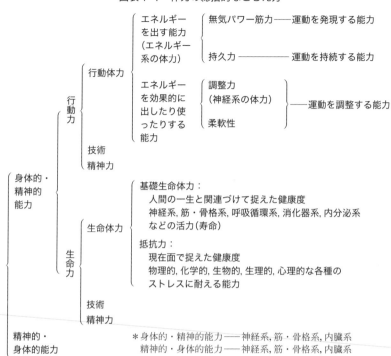

出所）筑波大学大学院授業　高松薫「体力トレーニング」授業資料

る程度の発達はするものの，運動を調整する能力はそれをはるかにしのぐ発達をみせることが知られている。

(3) 20歳までの発育発達

子どもの成長を考えるための参考として図表4-2に示すスキャモンの発育曲線はよく知られているが，これは発育発達を20歳の時点を100%として考えたときの各体組織の発育の特徴を次の4つのパターンに分けて示している。

①一般型
②神経系型
③リンパ系型

図表4-2　スキャモンの発育曲線

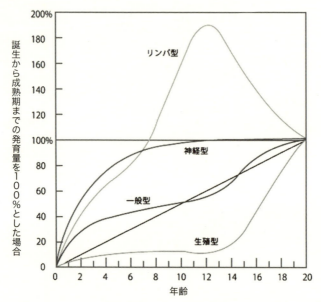

出所）子供の体力向上推進本部「総合的な子供の基礎体力向上方策　第1次推進計画」http://www.kyoiku.metro.tokyo.jp/press/pr100722/100722_2.pdf#search='文科省+体力とは'

④生殖器系型

　これら児童期の発育発達を理解することで，その時期に必要な体育の課題が明確に理解でき，より実感を伴った指導ができるようになる。
①一般型
　これは全身の計測値（頭径を除く）であり，呼吸器，消化器，腎，心大動脈，脾，筋全体，骨全体，血液量などの発育を示す。特徴は乳幼児期まで急速に発達してその後は次第に穏やかになり，思春期頃から第二次性徴が出現して再び急激に発達がみられ大人のレベルに達する。
②神経系型
　この発達は脳の重量や頭囲で測るが，生後すぐから急激に発育をして，4～5歳までに成人の80％程度，6歳では90％近くにまで達する。この未就学

時期は，脳に大きく影響が出る時期なので，多くの刺激のある遊びや運動を行うことが大切である。この神経系の発達は，身体各部の器用さや運動のリズム感などに現れる。

③リンパ系型

これは胸腺，リンパ節，扁桃腺などのリンパ組織の発達であり，免疫力を向上させるために働く。生後から12〜13歳までにかけて急激に成長し，20歳のレベルの2倍近くにも発達するが，思春期過ぎから20歳のレベルに向けて下降する。

④生殖器系型

これは睾丸，卵巣，副睾丸，子宮，前立腺などの発育であり，小学校前半まではわずかに成長するだけで，14歳あたりから急激に発達する。生殖器系の発達で男性ホルモンや女性ホルモンなどの性ホルモンの分泌も増加し，男性女性の特徴的な発育が認められる。

このように，児童期にはエネルギーを出す能力にかかわる呼吸器や心大動脈，筋力はまだ十分発達していないが，運動を調整する能力に関係する神経系はほとんど20歳に近い値を示すことが理解できる。この時期は力を上手に出したり体や道具をコントロールしたりする能力を身につける時期である。

2 児童期の体力要素の明確化

(1) 身体能力の要素

以下の4つの身体能力は，初等中等教育を修了した時点で，身につけているべきものであり，具体的な「目的」として，次のようなものが考えられる。

1)「巧みに身体を動かす身体能力」これは調整力として理解されていて，とくに児童期にしっかりとした取り組みが必要な能力である。
2)「柔軟性を発揮する身体能力」これは初等教育の過程で取り組み，調整力と協調的に働いて運動を滑らかに行うための能力である。
3)「短時間に集中的に力を発揮する身体能力」これは無気パワーとして知

られ，とくに初等教育の段階から刺激を加えるべき能力といわれている。

4)「持続的に力を発揮する身体能力」これは持久力として知られ，とくに中等教育において発達する能力であるが，その前提条件として初等教育段階でも軽い運動を用いて導入的に指導する必要がある。

近年，スポーツ界を中心としてとくに小学生の年齢をゴールデンエイジと呼んでいる。また，図表4-2（52ページ）スキャモンの発育曲線の神経型では，5～8歳頃（プレ・ゴールデンエイジとも呼ばれる）に神経型が著しく発達する。脳をはじめとして体内にさまざまな神経が張り巡らされていく大事な時期であり，こ

図表4-3 球技スポーツにおける各段階のトレーニング目標とする体力

	段　階					
	小学校-低学年・7-9歳	小学校-高学年・10-12歳	中学校・13-15歳	高等学校・16-18歳	大学・実業団A・19-20歳	大学・実業団B・21歳以上
一般的な体力：						
無気パワー	5	5	5	4	4	3
筋力	1	2	3	4	4	3
無気的持久力	1	1	2	3	4	3
有気的持久力	1	2	3	4	4	3
調整力	5	5	5	4	4	3
柔軟性	5	5	4	4	3	3
専門的な体力：						
無気パワー	3	3	4	5	5	5
筋力	1	2	3	4	5	5
無気的持久力	1	1	2	3	4	5
有気的持久力	1	2	3	5	5	5
調整力	3	4	4	5	5	5
柔軟性	3	3	4	5	5	5
技術	2	3	3	4	5	5

出所　筑波大学大学院授業　高松薫「体力トレーニング」授業資料

の時期には常に多様な刺激をからだが求める特徴があり，子どもを飽きさせないで楽しませるには，遊びの要素も含んだプログラムが必要である。またその次に現れるゴールデンエイジ（9～12歳頃）は，将来への準備になると考えられ，さまざまなスポーツ種目の指導者もこの時期を大切にしている。しかし，この時期は遊びにかぎらずいろいろなスポーツを経験しているかどうかで，その次に学ぶ専門種目（競技種目など）を習得する際の伸びに違いが出ることがわかっている。つまり，小学校の教師は，体育の授業においても児童

が生涯を通じて運動に親しむための基礎としての能力（運動財）を身につける大切な時期であることを理解する必要がある。そのうえで，決まった動きばかりではなくさまざまな要素を含んだ動きを企画的に与えることが大切である。このようにいろいろな動きを経験し，身につける動きが多いほど，コーディネーション能力（体をたくみに動かす能力）が高くなる。

図表4-3に球技スポーツにおける各段階のトレーニング目標とする体力を示した。ここでは，競技の体力について，一般的な体力と専門的な体力に分類して説明している。数値が大きいほど，重要度の高いトレーニング目標である。高等学校以降に重要性が増す専門的な体力は除き，ここでは一般的体力について考察する。小学校時代に5点表記になっているのは，前述してきたように調整力そして柔軟性と無気パワーである。まず調整力について解説した後に，柔軟性や持久力，無気パワーについて解説を加える。

(2) 調整力

コーディネーションを日本では「調整力」と呼び，これに関係している要素としては神経系の働きによる平衡性，巧緻性，敏捷性と関節の機能である柔軟性がある。

ブルーメは，図表4-4のようにコーディネーションを7つに分類している[3]。

図表4-4　7つのコーディネーション能力

7つのコーディネーション能力	
定位能力	相手やボールなどと自分の位置関係を正確に把握する能力 「状況把握」「距離感」「空間認知」
変換能力	状況に合わせて，素早く動作を切り替える能力 「フェイント」「スイッチのオン・オフ」
連結能力	関節や筋肉の動きを，タイミングよく同調させる能力 「なめらかな動き」「運動局面」「体幹の使い方」
反応能力	合図に素早く，正確に対応する能力 「単純反応」「選択反応」
識別能力	手や足，用具などを精密に操作する能力 「ハンドアイ・フットアイコーディネーション」
リズム能力	動きをまねたり，イメージを表現する能力 「経済性」「タイミング」「テンポ」
バランス能力	不安定な体勢でもプレーを継続する能力 「静的・動的」「重心の移動」

出所）東根明人，2005年

①定位能力は相手やボールなどと自分の位置関係を正確に把握する能力「状況把握」「距離感」「空間認知」の能力であり，冒頭で述べたようにこのような能力がないと，走っている者同士の正面衝突につながることになる。

②変換能力は状況に合わせて，素早く動作を切り替える能力「フェイント」「スイッチのオン・オフ」などを示している。スイッチのオン・オフの例としては，互いにボールを持って向かい合った2人が，一方が高くボールを投げたらそれを判断して他方はワンバウンドで投げるといった運動が上手にできる能力といえる。

③連結能力は，関節や筋肉の動きを，タイミングよく同調させる能力「なめらかな動き」「運動局面」「体幹の使い方」と表現され，複雑な動作がなめらかにできる能力である。

④反応能力は，合図に素早く，正確に対応する能力「単純反応」「選択反応」である。一般に知られているゲームの「あっち向いてホイ！」を体全身で行うゲームで，2人が向かい合い，一方が指さした逆方向に体を動かす運動，たとえば上を指さしたら他方はしゃがむことが素早くできる，などは選択反応を引き出す遊びである。

⑤識別能力とは，手や足，用具などを精密に操作する能力で「ハンドアイ・フットアイコーディネーション」のことであり，目から入った情報を元に素早く手や足を上手に動かす能力である。長年球技をやってきた選手は，ボールが飛んできたら体が勝手に反応してうまくコントロールしている。それは目でボールの動きを認識し予測しているから，そのときに必要な体の使い方を自然に行えるのである。

⑥リズム能力は，動きのまねや音楽などに合わせてイメージを表現する能力であり，投げてもらったボールが何度も弾んで飛んできたときに，そのボールの位置にあわせたキャッチができるように動ける能力である。

⑦バランス能力は，不安定な体勢でもプレーを継続する能力であり片足立ちを続けることのできる静的バランス能力や平均台の上を落ちずに歩く能力，一輪車に乗って移動できるなどの動的バランス能力のこと

である。

　これらのことを検証した実験もあり，竹馬乗り未経験の6歳幼児から12歳の男女児童252名を対象に4日間の練習を行わせ，習得(10歩歩ける)までに要する練習回数やパフォーマンスの年齢差ならびに習得・習熟過程の筋作用機序の面から適時期を検討した。その結果，バランス能力が大きく関わると考えられる竹馬乗りの学習は6歳頃から可能で適時期は9歳頃に存在すると考えられている[4]。

　コーディネーション能力がもっとも発達する児童期に，適切な運動刺激を与えることは，技能を向上させるための「レディネス」の形成につながり，運動技能を短期間で効率的に獲得し，向上させることが可能になるとも述べられている[5]。

(3) 柔軟性

　図表4-2のスキャモンの発育曲線の一般型では，児童期は2回の急激に伸びる時期の中間に当たり，比較的緩やかな成長をしていることがわかる。13歳頃から急激に成長する際には，骨の成長が先に起こった後に筋や腱(骨と筋を結ぶ組織)，靱帯(骨と骨を繋ぐ組織)が徐々に骨の成長に追いつく特徴があるため，柔軟性が著しく低下する。したがって，緩やかな成長をしている児童期には柔軟性を高める運動を企画的に授業に取り入れる必要があるといえよう。

　柔軟性の優劣を決める指標には関節の可動性には自力によるものや他力によるもの，また動きの柔らかさ(調整力)がある。柔軟性に影響する要因として以下の機能があり，関節機能としては関節部位における骨の状態や靱帯の状態による影響。神経，筋，腱機能と筋および腱の伸展性による影響。ほかの体力要因として筋力，調整力があげられる。

(4) 無気パワー

　人の身体運動は筋肉の収縮で発現されていて，筋活動のエネルギーを生産する過程が大きく関わって，筋出力の特徴が決まってくる。このエネルギー

を生産する過程には3種類あり，すべて筋肉内でATP（アデノシン三リン酸）からリン酸が1つ分離する際のエネルギーで筋収縮が起こる。このようにATPからリン酸が1つなくなった状態をADP（アデノシン二リン酸）と呼ぶ。このADPをATPに再合成するための回路には，PC（クレアチンリン酸）系回路とLA（乳酸）系回路，O^2（酸化）系回路の3種類がある。

　無気パワーを発揮するには，PC系とLA系が大きく関わっている。これらはエネルギーを作るのに酸素を必要としないため無気的エネルギーと言われる。PC系には限度があり，約7秒をピークに13秒程度で枯渇する。これは，大きなエネルギーを発生するために全力を必要とする運動で使われる。LA系は運動の開始時や激しい運動時に酸素の摂取が不十分な段階で乳酸を生成しながらATPを合成する過程であり，10秒〜1分の運動を支えるエネルギーが合成でき，それを過ぎると乳酸がたまり筋肉が「きつい」状態となり筋の収縮機能が著しく低下する。

　上記のように無気パワーは理解できるが，図表4-3を見ると児童期には，競技に必要な専門的な体力を養う必要はなく，一般的な体力としての無気パワーを発揮できるような遊び（鬼ごっこなど）や運動（短距離のかけっこなど）を楽しく積極的に取り組める工夫が必要となる。

(5) 持久力

　児童期のトレーニング課題は，専門ではなく基礎持久力をつくり出すことであり，この基礎持久性は，後に紹介するゲームやさまざまな競争形式で発達させることができる[6]。また，始業前の時間や業間の休み時間を利用して，能力に応じて一定の距離ないし時間をジョッグし，それから回復のために歩く[7]。これを繰り返すというようなプログラムを準備する必要がある。また，興味を持って取り組めるように毎日走った距離を棒グラフなどに記入して，日々走った距離を記録することで児童のやる気を引き出す方法もよく利用されている。強制的に長時間をかけて長い距離を走らせるような運動は厳に避けなければならない。O^2系は運動を開始して1分過ぎあたりから徐々に運動のエネルギーとして使われはじめ，20分をピークに長時間利用できる。

3 運動手段の準備

(1) 運動手段作成の配慮事項

実際の授業や業間において狙いとした体力を育成するために運動指導をしようとするときには，何に配慮すればよいのかわからないことが多い。そこで図表4-5に運動手段を考えるうえで，配慮すべき点についてまとめてある。

「誰のための運動手段か」では，各学年における体格，体力要素に配慮した運動手段を利用できるように計画を立てる。

「何を養成する運動手段か」では，これまで述べてきた児童に必要な体力要素について計画的に授業に取り入れるための配慮事項が整理されている。

「どのような手段を用いるか」では，児童の体力を育成するために用いる方法や運動の強度と量，動きについて考慮したうえで授業に取り組むべきである。

「いつ行う運動手段か」では，学校生活におけるさまざまな時間帯を利用し

図表4-5 運動手段作成の配慮事項

誰のための運動手段か	・新入生のための手段　　　　　・学校に慣れた1年生のための手段 ・2年生のための手段　　　　　・3年生のための手段 ・4年生のための手段　　　　　・5年生のための手段 ・6年生のための手段　　　　　・受験期の6年生のための手段
何を養成する運動手段か	・無気パワー，調整力の養成を主な狙いとする手段 ・無気的持久力，調整力の養成を主な狙いとする手段 ・調整力の養成を主な狙いとする手段 ・柔軟性，調整力の養成を主な狙いとする手段
どのような手段を用いるか	・どのような負荷方法を用いる手段かを明確にする ・どのような負荷の強度と量を用いる手段かを明確にする ・どのような運動様式（動き）を用いる手段かを明確にする
いつ行う運動手段か	・始業前に行う手段　　　・業間に行う手段　　　・昼休みに行う手段 ・準備運動で行う手段　　・主運動で行う手段　　・整理運動で行う手段 ・毎日行う手段　　　　　・週に数度行う手段　　・1度行えばよい手段 ・短く限られた時間で行う手段 ・ある程度長い時間内で行う手段 ・時間の制約がない場合での手段
どこで行う運動手段か	・屋内で行う手段　　　・屋外で行う手段 ・地上，水上，水中，雪上，氷上などで行う手段 ・グラウンド（土，砂利，天然芝，人工芝，コンクリート，全天候型）などで行う手段 ・狭い場所で行う手段 ・広い場所で行う手段

出所）筑波大学大学院授業　高松薫「体力トレーニング」授業資料に筆者加筆

て運動を計画することで，効率のよい発達をさせるための配慮事項がまとめられている。

「どこで行う運動手段か」では，学校は雪の多い地方や土地の狭い都市部，沿岸地域などいろいろな環境に置かれている。その条件を授業に取り入れてその土地に育つ児童の能力を最大限伸ばすための計画に役立ててもらいたい。

これらの項目について配慮して考えられた運動手段は，児童の身体に効果的な結果を生む。子どもの将来を考える教師にはこれらの項目を上手く利用してもらい効果的な授業計画を立ててもらいたい。

（2）運動様式を決める視点

児童の体力を向上させるための運動手段を準備するには，どのような運動様式（動き）を用いるかが重要な問題である。運動様式にはさまざまな狙いや条件を考慮しなければならず，多くの教員が頭を悩ます点である。どのような運動様式を用いるかについて図表4-6を参考に考えることができる。歩く，走る，投げる，泳ぐ，打つ，蹴る，登る，漕ぐ等の基礎的な全身運動，および各種の静的または動的運動について，表のA～Dの条件を考慮しながら運動をつくることができる。このようにしてつくった各種の動きによって，下記のように養成できる体力要因をわかりやすく整理することができる。

・おもに<u>無気パワー，調整力</u>を養成することができる動き
・おもに筋力，調整力を養成することができる動き

図表4-6 体力トレーニング手段で用いる運動様式（動き）を決める場合の視点

A 課題（ねらい）	B 人的条件
・平常生活における動き ・危機の場における動き ・競争の場における動き ・美しさ，楽しさをねらいとする動き ・体力の要素をねらいとする動き	・個人的動き ・ペア的動き，対人的動き ・集団的協力的動き，集団的対立的動き
C 物的条件	D 場所的条件
・徒手による動き ・用具を用いる動き ・施設を用いる動き	・地上，水上，水中，雪上，氷上などにおける動き ・平坦地，傾斜地などにおける動き

出所）筑波大学大学院授業　高松薫「体力トレーニング」授業資料

・おもに無気的持久力，調整力を養成することができる動き
・おもに有気的持久力，調整力を養成することができる動き
・おもに<u>調整力</u>を養成することができる動き
・おもに<u>柔軟性，調整力</u>を養成することができる動き

以上，児童に利用できる部分にアンダーラインを付記したので，この視点を利用してよりよい授業を展開してもらいたい。

4　体力測定評価

(1) 近年の体力テストの結果動向

全国の小学校では，新体力テストを利用して体力の評価を行う学校も多くある。その種目には，握力，上体起こし，長座体前屈，反復横跳び，20メートルシャトルラン（往復持久走），50メートル走，立ち幅跳び，ソフトボール投げがある。この体力テストは，小学生の体力動向をつかむために毎年その結果が報告されていて，近年小学生の体力低下が社会問題として取り上げられて久しい。しかし，図表4－7の文部科学省の報告では，2011（平成23）年度調査において，小学生（11歳）男子の握力と立ち幅跳びを除く項目で横ばいまたは向上傾向がみられることが示されて，学習指導要領の改訂の効果が現れたのではないかと期待を寄せている関係者も少なくないであろう。しかし，本当に今後，体力全体が向上傾向に転じていくのかについては，以後数年の動向を見て判断する必要がある。

さて，この体力テストの各項目は何を評価しているのか。体力テストの各項目には，体力要素の何が関わっているかを知ることで，その後の授業において不足している体力要素を意識的に刺激する運動様式を取り入れるなどの

図表4-7　新体力テスト施行後（1998～2012年度）の体力・運動能力の推移

小学生 (11歳)	握力	上体 起こし	長座 体前屈	反復 横跳び	20m シャトルラン	50m走	立ち幅 跳び	ボール 投げ	合計点
男子	低下	向上	横ばい	向上	向上	向上	低下	横ばい	向上
女子	横ばい	向上	向上	向上	向上	向上	横ばい	横ばい	向上

図表4-8 文部科学省新体力テスト項目から見た体力特性

	握力	上体起こし	長座体前屈	反復横跳び	20mシャトルラン	50m走	立ち幅跳び	ボール投げ
体力の項目（エネルギーの供給機構）								
筋力　　　　　ATP-PC系	◎	○		○		○	○	○
無気パワー　　ATP-PC系				◎		◎	◎	◎
無気的持久力　LA系		◎		○	◎			
有気的持久力　O^2系					◎			
柔軟性			◎	○		○	○	○
調整力	○			◎	○	◎	◎	◎
体の部位								
上半身の筋（含体幹）	◎	◎				○	○	◎
下半身の筋				◎	○	◎	◎	
スピードまたは力の大きさ								
大きなスピード（スピード型）		○		○		◎	○	◎
大きな力（筋力型）	◎					◎	◎	

ヒントや学校における体育・健康に関する指導などの改善にも役立てることができる。

　図表4-8に文部科学省新体力テスト項目から見た体力特性をまとめ，強い関係のある場合には◎印を，ある程度の関係のある場合には○印を付記した。これにより，体力テスト項目と体力の各要素や身体のどの部位が使われているか，スピード型か筋力型かの情報が得られるようにした。体力テスト項目の握力を見ると，体力要素は筋力が関係し，部位は上半身であり大きな力を発揮していることがわかる。しかし，この握力は単一的な要素であるためわかりやすいが，50メートル走を見てみると，筋力と無気パワー，柔軟性，調整力が関わっている。なかでも無気パワーと調整力がもっとも重要な要素であることがわかる。また，運動を発現する部位としては下半身がおもに働くが上半身も補助的に働くこと，この運動には大きな力と大きなスピードが必要であることなどがわかる。50メートル走は握力より複合的な要素から成り立っていることが理解できる。このようにほかのテスト項目を見て学校全体

の体力傾向や，児童一人ひとりの体力傾向を把握することで，授業に反映させてもらいたい。

> 確認問題

1　スキャモンの発育曲線から児童期の特徴を捉えたうえで，体力要素の何をどのように刺激するべきかについて考察しよう。
2　児童の体力を育成するために用いる方法や運動の強度と量，動きについて現場で使うことを意識してまとめよう。
3　体力テストの項目ごとに測定している体力要素をまとめたうえで，体力要素ごとの刺激の方法について考察しよう。

引用文献・より深く学習するための参考文献
1)　木塚朝博「子どもの運動能力の発達停滞を防ぐために」『CS研レポート　Course of Study』vol.61, 2008年
2)　同上
3)　東根明人監修『体育授業を変えるコーディネーション運動65選』明治図書，2005年
4)　後藤幸弘「筋力・筋持久力・バランス能力のトレーニング効果の年令差から見た適時期について」平成3年度科学研究費研究成果報告書，1991年
5)　東根明人「児童期のコーディネーショントレーニング」『子どもと発育発達』vol.4, No.3, 杏林書院，2006年，pp.166-169
6)　ヴァインエック『サッカーの最適トレーニング』戸苅晴彦訳，大修館書店，2002年
7)　同上

第 5 章

子どもの生活

　近年の目まぐるしい社会環境の変化に子どもたちを取り巻く生活環境も大きく影響を受け，その結果，児童の健康状態が低下していることが指摘されている。ここでは児童期における「健康3原則」を運動（遊び），栄養，休養として，その経緯や現状を実態から把握し，子どもの健康的な生活を促進することについて考えたい。

キーワード

変化する生活環境　3つの「間」の喪失　基本的生活習慣とリズム

1　子どもを取り巻く環境の変化と生活の現状

　子どもたちの生活環境の変化をひもとくにあたり，1967（昭和42）年に「リカちゃん人形」が登場したことは子どもの体験喪失を象徴する児童文化のうえでの一大事件とみなされている。もちろん，リカちゃん人形自体に問題があるわけではない。リカちゃん人形は，それまでの観賞用の人形とは異なり，子どもの遊び友達の代わりとして登場した人形である。それまでも遊び相手の人形として，キューピーや着せ替え人形もあったが，これほど爆発的に人気があった人形は類いまれであった。なお1974（昭和49）年には，男児用の遊び相手の人形として「マジンガーZ」が登場した。
　その背景には，遊びの変化がある。「群れての戸外遊び」から「一人あるい

は少人数での室内遊び」へと変化したのである。地域の子どもたちが10～20人と群がり，自然環境を利用し地域全体を遊び場にして駆け回っていた遊びから，快適な空間である部屋の中に閉じこもり，リカちゃん人形やテレビゲームなど，一人あるいは少人数で過ごす遊びへ変化していったのである。

現在ではPCやスマートフォンなどを活用したインターネット上でのゲームやSNSでのやり取りが多くを占めていると携帯電話の所有率から推測される（図表5-1）。こうした遊びの変化をもたらした要因はいくつもあり輻輳(ふくそう)しているとも考えられる。

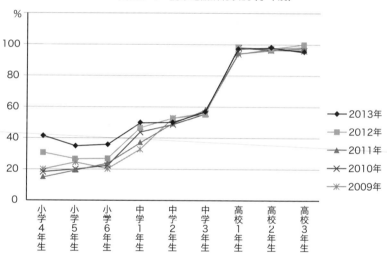

図表5-1　携帯電話所有状況（学年別）

出所）内閣府「平成25年度　青少年のインターネット利用環境実態調査」http://www8.cao.go.jp/youth/youth-harm/chousa/h25/net-jittai/html/2-1-1.html；データを筆者が加筆・修正

学校種別でみると，学校種が上がるほど「自分専用の携帯電話」の所有が多くなっていることがわかる。

(1) TVゲームの功罪

子どものいる家庭にはTVゲームがあるといっても過言ではない時代であると推察されるが，そのTVゲームの功罪をまとめると図表5-2のようになる。

図表5-2　ＴＶゲームの功罪

ＴＶゲームの功	ＴＶゲームの罪
教育における有効利用 オーストラリアのシュワルツ博士の研究では，動機づけが低い学業不振児において，教育を目的としたＴＶゲームが強い効果を発揮する。実験の結果，ＴＶゲームによる教育は伝統的な教育よりも効果的であり，しかもその効果は読みの能力が低い子どもにおいて，特に顕著であることが示された。アメリカのオカガキ博士の研究では，空間知覚などにおける知覚運動能力の向上に効果がある。地図の読み方や車椅子の運転などの実際的な技能の訓練にＴＶゲームを利用し，成果を挙げたとする報告もある。	**暴力性への影響** ①暴力が問題解決の手段として有効であるという見方や暴力の手段を学習させること②暴力をふるうことに慣れさせ，ＴＶゲームの中だけでなく，現実場面においても暴力をふるいやすくしてしまうことが心配されている。近年の立体映像技術などの進歩によって，表現の現実性が大いに高まっており，ＴＶゲームの影響力が強まっていると解釈されている。
心理臨床における有効利用 不登校の子どもの適応を促すためにも利用されている。子どもとＴＶゲームをしたり，それを話題にすることによってカウンセリングがうまく進むことがある。ＴＶゲームが子どもと相談員との関係におけるクッションとなり，子どもの緊張感を緩和する。アメリカのポープ博士らの研究では，注意欠陥多動性障害（ＡＤＨＤ）の治療のためにＴＶゲームを利用し，その効果を報告している。さらにＴＶゲームを用いることで，ガンや腫瘍の治療のための化学療法を受けている子どもの苦痛や不安，副作用に対する心配を減らす効果が示されている。脅迫的で自己破壊的な行為を解消するのにＴＶゲームが利用され，成果が挙がった例もある。	**社会的不適応への影響** ＴＶゲームが子どもを社会的不適応（対面での人間関係を持たなくなる結果，人間関係を通して育成されるべき技能が身につかず，ひきこもりや不登校など）の状態にしてしまうという心配があるが，これまでの研究では，ＴＶゲームが子どもの社会的不適応をもたらすことを示す結果は乏しい。もともと社会的不適応の傾向がある人が，ＴＶゲームで遊ぶようになるという逆方向の因果関係がたびたび示されている。インターネットを利用したオンラインゲームの普及で社会的不適応の問題が生じる可能性を指摘している。
	知的知能と学力への影響 子どもの日常的なＴＶゲームの使用によって，勉強や読書などの知的活動の時間が失われ，その結果，さまざまな側面の知的能力や学力に悪影響が出るのではという懸念があり，論理力などに対する悪影響を示した研究もある。しかし，研究数が少なく，知的能力や学力に対する影響は，ゲームソフトの内容によって左右されると考えられる。教育的な内容を持つＴＶゲームが知的能力や学力を伸ばした例もある。また，「ゲーム脳」問題が注目されている。ＴＶゲームで遊んでいると，大脳の前頭前野（人間の創造性や社会性を支えるような高度な情報処理を行う部位）の活動が低下し，その状態が続くと前頭前野が活動しない人間になってしまうという問題である。ゲーム脳とは，ＴＶゲームによって前頭前野が活動しなくなった脳である。

	視力への影響
	TVゲームではモニター画面(Visual Display Terminal:VDT)を通して情報が映しだされる。それを長時間、近距離から見た利用者は、眼精疲労や視力低下など、眼に強い悪影響を受けると心配されている。電子メディアと視力に関する研究については成人における問題としてＶＤＴ障害の研究が多く行われている。ＶＤＴ作業がまず短期的な近視や眼精疲労を生じさせ、接触が長期間になると視力の低下を招くことを示している。子どものＴＶゲームの接触を扱った研究では、実際に調整機能や眼圧などに異常が生じ、視力の低下がもたらされることが報告されている。
	体力への影響
	ＴＶゲームは室内遊びであるため外遊びを減らすと考えられる。外遊びが減れば運動する機会が失われ、その結果、骨格や筋力、さらに運動感覚が発達せず、身体能力の減退や肥満が生じるとともに、けがや病気をしやすい体になると考えられる。このことからＴＶゲームが外遊びを減少させ、子どもの体力低下が生じているのではないかとする懸念が出されている。しかし、これまでのところＴＶゲームと体力低下について、その影響関係をしっかり特定できる形で行われた研究は乏しい。

出所）坂元章「テレビゲームの功罪」『そだちの科学』4号、日本評論社、2005年、pp.32-37を筆者が加工・修正して表にまとめた

　2013（平成25）年度に実施した文部科学省の学校保健統計調査によれば、小学生で「裸眼視力1.0未満の者」の割合は30.52％であり、「裸眼視力0.3未満の者」の割合は8.38％であることがわかっている。これらの要因の一つとして、幼い頃からＴＶやゲームなどの画面を長時間見ていることが負の影響をもたらしていると考える。ＩＣＴ(Information and Communication Technology：情報通信技術)を活用した授業や反転授業などが注目を浴びているが、今後、視力や体力を含めた健康面や社会性の育成という視点を忘れてはならない。

　1964年の東京オリンピック以降、高度成長期のなかで少子化時代を迎え、子どもの多くが子ども部屋を持ち、自分一人で過ごせる快適な空間を確保できるようになった。一人遊び用の玩具だけでなく、スナック菓子、缶ジュースなどの飲み食いするための食品が登場し、一日中、部屋に閉じこもって生

活することが可能になったのである。

　また車社会を迎え道端を遊び場にすることができなくなり，空き地にはビルやマンションなどが建築されたことで遊び場は減少し，「遊ぶ空間」が身の回りから姿を消してきたのである。健全な遊び場を確保するために「児童福祉法」により地域の児童を対象とした児童遊園がある。また目的に応じた公園施設もあるが，そこで遊んでいる子どもの姿は限られているようにみえる。

　学歴偏重の影響はゆとり教育の見直し政策からもわかるように現在でも根強く，学習中心の生活を親が子どもに求め，学習塾や習い事へと子どもを方向づけ(図表5-3)，放課後などに「遊ぶ時間」が限定的になっている。

図表5-3　小学生通塾率ランキング(都道府県別)

順位	都道府県	通塾率
1	東京都	58.0%
2	神奈川県	57.4%
3	兵庫県	56.3%
4	和歌山県	56.0%
5	奈良県	55.2%
6	三重県	53.5%
7	愛知県	52.5%
8	京都府	51.9%
9	千葉県	51.8%
9	大阪府	51.8%
	……	
40	鹿児島県	36.7%
41	福島県	36.3%
42	宮崎県	35.4%
43	島根県	34.0%
44	青森県	31.8%
45	山形県	29.4%
46	岩手県	28.2%
47	秋田県	22.6%
	全国	47.9%

出所)「都道府県別統計とランキングで見る県民性」
http://todo-ran.com/t/kiji/14737

(2) 少子高齢化・人口減少社会

　我が国の人口は，国立社会保障・人口問題研究所「日本の将来推計人口（2012年1月推計）」における出生中位（死亡中位）推計を基に見てみると，総人口は，2030（平成42）年の1億1662万人を経て，2048（平成60）年には1億人を割って9913万人となり，2060（平成72）年には8674万人になるものと見込まれている。少子高齢化・人口減少社会は急速に進展し続け，我が国の深刻な問題の一つである。

　少子化傾向に加え，先述したように子どもたちの放課後は，塾や習い事などで時間が過密であり，近隣に自由に群れて遊ぶ空間も減少したことで「遊ぶ仲間」が限定的になっている。「遊ぶ仲間・遊ぶ空間・遊ぶ時間」，いわゆる遊ぶための3つの「間」の喪失である。

　子どもたちにとって，学習と同様に仲間との関わりを経験することは重要である。小学生段階ではおもに同性との仲間集団での遊びなどを通して，対人関係に必要なスキルを学ぶことができる。

　仲間との遊びを通してルールや技術を学ぶことや対人的なやりとりの技術を学ぶことも重要である。相手の言い分を聞き入れながら自分の意見を主張すること，相手の気持ちや状況を考慮しながら自分の気持ちや考えを伝えること（アサーティブネス），自分の失敗を素直に認め，助けてもらった時には感謝するなど，仲間との直接的な関わりのなかでしか体験できないことが多い。

　また約束をお互いに守ること，仲間のために身を尽くして行動すること，仲間同士で切磋琢磨し，相互に認め合う体験などは社会性を培うために重要であり仲間の存在は大きい。しかし，子どもたちの現状は黄色信号や赤信号が点滅しており，その実態や行動特性を河村や榊原は以下のように指摘している。

　河村茂雄（2002年）が実施した1999年度の調査では，小・中・高校の教師が5年間の子どもたちの実態を見て感じていることを以下のようにまとめている。

　　・飽きっぽく，我慢できない
　　・傷つくこと，失敗することを恐れ，新しいことに取り組もうとしない

- 欲求充足志向で，おもしろくないことはしない
- 個人的に躾けられていない，集団生活のマナーを理解していない
- うぬぼれが強く，自己主張的である
- 対人関係を自ら形成しようとする意欲と技術が低い
- 他人の気持ちを察することができない
- 周りに流されやすい。ことの善悪よりも多数派につく
- しゃべる内容は大人だが，心がとても幼い
- 知識と生活面での具体的な行動が一致していない

河村（2002年）は，教師たちが感じている現代の子どもたちの実態のキーワードを「精神的な弱さ」「幼児的な自己中心性」「対人関係が不得手」「精神的に幼い」の4つとしており，核家族化，少子化，情報化，都市化，経済的な豊かさなど，家庭や地域社会の影響が大きいと考えている。

榊原洋一（2005年）は不健全な小学生の行動特性を以下のようにまとめている。

- 夜更かしをし，睡眠のリズムが乱れている
- 有害な図書や映画，有害なインターネットサイトを見る
- 外遊びではなく，家の中にいてゲームをしている
- 学校が終わると，友人と遊ばずに塾に行く
- テレビを長時間視聴する
- 人生の目標となる大人がいない

これらの小学生の実態や行動特性を把握し踏まえたうえで，学校教育や体育のあり方，課題や解決策を考え実行する必要性がある。

2　運動（遊び）

児童期の運動（遊び）を考えるにあたり，その期間の子どもの特性について理解する必要がある。とくに5～8歳頃までは「プレ・ゴールデンエイジ」，9～12歳にかけては「ゴールデンエイジ」と呼ばれ，スポーツや運動などの基

礎や技術を獲得するために重要な時期である。

プレ・ゴールデンエイジは，神経系の発達が著しくみられる時期であり，また集中力が持続しない特徴を持っているため，多種多様な基本となる動き（立つ，かがむ，転がる，登る，降りる，滑る，這う，スキップ，くぐる，かわす，かつぐ，支える，止める，つかむ，投げる，打つ，蹴るなど）を取り入れることが重要である。

ゴールデンエイジでは，動きの目的に合わせて自分の体を動かせるようになり，全身を巧みに動かし，動きをコントロールできるようになってくる。また，他者やモノの操作や操作前に動きを先読みできるようにもなり，新しい動きを何度か見ただけで習得できるようになるのである。この時期は「即座の習得」といわれ，難しい体の動きを1回見ただけで模倣できる能力がある。ただし，大前提としてプレ・ゴールデンエイジで基礎となる動きを習得していることが求められる。

小学校中学年から高学年頃に6～7人程度の同年齢・同性同士の仲間が集まり特異な仲間遊びをする時期を「ギャングエイジ」といい，徒党時代とも呼ばれる。とくに男子にその傾向があり，閉鎖的な小集団は連帯感や所属感が強力である。いたずらや少し乱暴な行動をとったりするなど，行動を共にすることでお互いの結び付きも強くなっていく。

普通の遊戯集団や仲間遊びと違う点は「張り合う組織」の特性を持っていることであり，役割分担や指導―追従の層分化が明瞭である。しかし，このギャングエイジは姿を消しつつあり，群れて遊ぶ経験が減少しているのである。その結果は運動不足にもつながり，社会性の獲得にも影響を与えていると考えられる。運動不足をもたらす諸要因としては以下が考えられる。

- 遊び仲間の減少（近所の同胞，兄弟姉妹数の減少）
- 遊び空間の減少（都市化や交通網の発達→交通事故などへの不安）
- 遊び時間の減少（通塾率の増加）
- 親との屋外での運動不足（共稼ぎや深夜勤務など家庭事情による）
- 衣類，体を汚すことへの嫌悪感（衛生面への不安，親の価値観など）
- 遊びの質の変化（直接→間接，全身→指先，群れ→個，外→内）

村瀬浩二ら（2007年）の研究で，現代の子どもの外遊びの現状と親世代とを比較すると，子ども世代の男子が外遊びをする日数は，5日以上が37.0%に対して，親世代の男性が外遊びをした割合は5日以上が78.8%であることがわかった。オリンピックや世界大会規模のスポーツや運動への参加や関心は高まりをみせている一方，運動に親しむことができない子どもや日常生活の身のこなしがぎこちない子どもがいるのは以上の研究結果からも容易に想像がつく。

たとえば，転んでも手が出ない・ボールを上手に投げられない・ボールの落下地点に入れないなどが挙げられ，幼少期に適切な運動遊びの経験が少なく，バリエーションに富んだ遊びをする機会が減少したことが要因と考えられる。その結果，身体能力はもちろんのこと，心身ともに調和がとれない未熟なままの状態にあると推察される。

その一方で，スポーツ・クラブなどで専門的なトレーニングを早期から行うことで専門種目の技能を習得している子どもが増えている。しかし運動技能の偏りやスポーツ障害，バーンアウト現象なども生じている。

たとえば，サッカーは得意だが水泳や器械運動は全く不得意である，小学生までは熱心にスポーツに取り組んでいたが中学校ではスポーツに意欲を示さない，などである。

これらの傾向は運動に対する二極化を示し，成長段階にある子どもたちにとって不調和であると言わざるを得ないのが現状である。児童期の特性や運動（遊び）の現状を踏まえたうえで，体育のあり方や指導方法を深く考える必要がある。学校体育において各種目の基礎的な技能の習得を目指し，保護者や地域とも連携し，普段の生活の中に基本的な動きや運動を取り入れる工夫が必要である。

3　栄養（食事・ダイエット）

文部科学省は，子どもたちの健康を取り巻く深刻な問題として，偏った栄養摂取，朝食欠食など食生活の乱れや肥満・痩身傾向などを挙げている。

2013(平成25)年度の学校保健統計調査によれば，肥満傾向にある小学5・6年生男子の割合はともに10％を超え，女子では8％前後であり，痩身傾向にある小学5・6年生の割合は男女ともにほぼ2％台後半であることがわかった。

2009年にベネッセ教育研究開発センターが実施した「第2回子ども生活実態基本調査」によれば，小学4～6年生の3561名のうち8.4％の児童が朝食を摂らずに学校に行っていることがわかった。2004年に同センターが同様の調査を実施した際には13.3％であり，朝食を摂らずに学校に行っている児童が減少傾向にあった。

また同調査から，小学4～6年生の3561名のうち，7.6％の児童がダイエットのために食べる量を減らしていると回答している。同センターが同様の調査を2004年に実施したときには5.5％が食事量を減らしていたがその割合は増加傾向にある。同調査では，中・高生にも調査をしているが，とくに若い女子でダイエット傾向が強まっている。20代の女性の4人に1人がBMI（Body Mass Index:肥満判定）で「痩せ」と判定されている。

学齢期では，肥満とともに痩せの割合が増加しており，小学4～6年生女子の3分の1は「痩せ」あるいは「痩せすぎ」とされている。痩せすぎは「月経不順」「骨密度の低下」「出生時低体重児のリスク」があることがわかっている。

思春期の痩せ志向には，「痩せていることは美しい」といった価値観などの誤った自分のボディ・イメージをもち，人を外的基準で判断する風潮が影響していると考えられる。ダイエットの本来の目的は「健康」になるために体重制限を行うことで，ダイエットを行うことで摂食障害や体調不良や精神状態を崩すことは本末転倒であり，ダイエットの功罪を含めた健康教育が必要である。

文部科学省は食を通じての地域理解や食文化の継承を図り，自然の恵みや勤労の大切さなどを理解させるために，2005(平成17)年に「食育基本法」，2006(平成18)年に「食育推進基本計画」を制定し，子どもたちが食に対する正しい知識と望ましい食習慣を身につけることができるように学校で積極的に取り組むように働きかけている。

4 休養（睡眠）

　休養とは，精神的なストレスの解消・身体的な疲労回復や適応力をつけていくことであり，生涯を通しての健康の維持・増進や回復のための基本的かつ重要な条件の一つである。

　休養のとり方には，軽い全身運動（散歩・ストレッチなど）や疲労回復運動を取り入れた積極的休養と，睡眠に代表されるようにほとんど動かない消極的休養がある。休養の有効的な手段としての睡眠が不十分になると，身体機能・大脳活動・判断力などの低下が起きてしまうのである。

　「朝からあくびをする児童が目につく」と指摘する教師の声を耳にする。石原金由（1999年）の研究では睡眠不足を感じている小学生は約60％に達している。東京教育研究所（1999）が実施した調査によると，「イライラ感」の高い子どもの半数以上は夜0時以降まで夜更かしをしていることもわかっている。

　ベネッセ教育研究開発センターが実施した「第2回子ども生活実態基本調査」（2009年）では，小学4～6年生（3561名）の42.3％が学校のある日の就寝時刻として22時から22時30分の間であることがわかり，次いで35.6％の児童が22時以前に就寝している。2004年の調査結果より平均時刻で7分ほど就寝時刻が早くなっている。

　一方，同様に起床時刻を調査した結果，2009年では60.6％の児童は6時から6時30分の間に起床しており，次いで28.4％の割合で，7時から7時30分の間に起床していることがわかった。起床時刻の平均時刻は2004年の結果より12分ほど早くなっており，就寝時刻と起床時刻ともに早まり，早寝早起きの傾向が改善されつつあると考える。

　成長期の子どもは睡眠中に骨や筋肉の成長にかかわる成長ホルモンの分泌が盛んになり，脳内の神経ネットワーク形成や細胞の修復・生育などの体のメンテナンスが行われることがわかっている。まさに「寝る子は育つ」であり，"ぐっすり寝て，スッキリ目覚める"ような睡眠の質の向上を目指し，休養の取り方にも関心を高め教育する必要がある。

5　生活リズム向上のための取り組み

「早寝早起き朝ごはん」国民運動の推進

　子どもたちが健やかに成長していくためには，適切な運動，バランスのとれた食事，十分な休養・睡眠が大切である。また，子どもがこうした生活習慣を身につけていくためには家庭の果たすべき役割は大きいが，最近の子どもたちを見ると，「よく体を動かし，よく食べ，よく眠る」という成長期の子どもにとって当たり前で必要不可欠な基本的生活習慣が大きく乱れている。

　こうした基本的生活習慣の乱れが，学習意欲や体力，気力の低下の要因の一つとして指摘されている。このような状況を見ると，家庭における食事や睡眠などの乱れは，個々の家庭や子どもの問題として見過ごすことなく，社会全体の問題として地域による，一丸となった取り組みが重要な課題である。

　2006年4月，「早寝早起き朝ごはん」国民運動に賛同する100を超える個人や団体（PTA，子ども会，青少年団体，スポーツ団体，文化関係団体，読書・食育推進団体，経済界）など，幅広い関係者が参加し，「早寝早起き朝ごはん」全国協議会が設立されている。

　子どもたちの問題は大人一人ひとりの意識の問題でもあり，学校教育および体育の課題としても取り組む必要があり，子どもの基本的生活習慣の確立や生活リズムの向上のために家庭や地域との連携を図り実行していくことが期待されている。

確認問題

1　子どもを取り巻く環境の変化から導かれる体育の課題についてまとめよう。
2　子どもたちの生活習慣を考察し，改善点についてまとめよう。
3　学校体育は子どもの成長に対してどんな役割を持っているか考察し，まとめよう。

引用文献・より深く学習するための参考文献
- 石原金由「睡眠社会学」『Pharma Medica』20号，メディカルレビュー社，2002年・河村茂雄『教師のためのソーシャル・スキル』誠信書房，2002年
- 教育開発研究所編『教育の最新事情がよくわかる本2』教育開発研究所，2011年
- 近藤洋子・国見保夫・高島二郎・川崎登志喜・工藤亘・山下誠「思春期における健康増進と生きる力育成に関する研究」『玉川学園・玉川大学健康・スポーツ科学研究紀要』第14号，2013年
- 近藤洋子・高島二郎・三橋文子「児童・生徒・学生のライフスタイルの現状と課題」『玉川学園・玉川大学体育・スポーツ科学研究紀要』第11号，2010年
- 榊原洋一「健全な小学生とは」『そだちの科学』4号，日本評論社，2005年
- 玉川大学教育学部『健康とスポーツ』玉川大学出版部，2010年
- 出村愼一監修『健康・スポーツ科学の基礎』杏林書院，2009年
- 西山逸成・坂本静男編著『大学生のための健康科学』医歯薬出版，1997年
- 日本体育協会「公認スポーツ指導者養成テキスト共通科目Ⅰ」日本体育協会，2013年
- フランク・スモール，ロナルド・スミス編著『ジュニアスポーツの心理学』市村操一・杉山佳生・山本裕二監訳，大修館書店，2008年
- ベネッセ教育総合研究所
  http://berd.benesse.jp/berd/center/open/report/kodomoseikatu_data/2009_soku/
- 松村茂治『教室でいかす学級臨床心理学』福村出版，1994年
- 三木四郎『新しい体育授業の運動学』明和出版，2005年
- 村瀬浩二・落合優「子どもの遊びを取り巻く環境とその促進要因──世代間を比較して」日本体育学会編『体育学研究』52号，2007年
- 文部科学省
  http://www.mext.go.jp/b_menu/toukei/chousa05/hoken/kekka/k_detail/1345146.htm
  http://www.mext.go.jp/a_menu/shougai/katei/08060902.htm
  http://www.recreation.or.jp/kodomo/
  http://www.mext.go.jp/a_menu/shougai/asagohan/index.htm
  http://www.mext.go.jp/b_menu/hakusho/html/hpaa200601/001/001/0101.htm
  http://www.mext.go.jp/a_menu/sports/syokuiku/
- ロバート・E・アルベルティ，マイケル・L・エモンズ『自己主張トレーニング改訂新版』菅沼憲治・ジャレット純子訳，東京図書，2009年

第6章

小学生に対する運動指導

この章では，運動を学ぶことと子どものトータルな発達との関係を確認し，運動を学ぶ際の中核である運動技能（スキル）についての捉え方や指導にあたり留意したいことを紹介している。また，生涯にわたって運動に親しむことができるためには，運動を嫌いにさせないことが大切であることから，運動好きと運動嫌いについてその要因について紹介している。

キーワード

体育　発達　運動技能（スキル）　指導　運動嫌い

1　発達的視点に立つ体育の構成要素

運動指導にあたっては，児童の発達の段階を考慮しなければならないが，その特徴は，低学年においては，「思考と活動が未分化な時期にあること。つまり，『動くこと』と『考えること』が同時に進むこと。また，さまざまな運動遊びの経験から，運動への肯定的な態度や多様な動きを身につける時期」であること。中学年の児童は，「ギャングエイジと呼ばれる同年齢の閉鎖的集団をつくって，遊ぶことが多くなる。また，自我が強く芽生え，友達との関係も深まっていく時期である。さらに，低学年の児童に比べてスムーズな動きや複雑な動きができだしたり，思考と活動の分化が進み，自分の動きを意識したり理解したりすることも出来始める」時期であること。そして，高学

図表6-1　発達的視点に立つ体育で扱う子どもの発達の側面

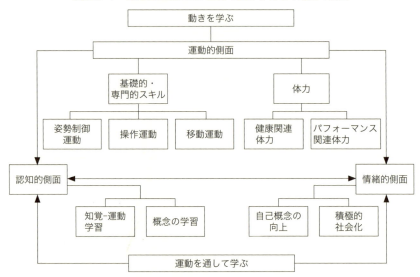

出所）D.L.ガラヒュー『幼少年期の体育——発達的視点からのアプローチ』杉原隆訳，大修館書店，1999年

年の児童は，「ある程度物事に距離をおいて考え，理解できるようになる。また，自分のことも客観的に捉えられるようになるとともに，知的な活動も活発になってくる。一方で，身体も大きく成長し，自己肯定感を持ち始めたり，逆に劣等感を持ったりもする。集団活動では，ルールや役割を大切にして，皆のまとまりをつくることができるようになる」時期であると捉えられている（文部科学省2011年）。各学年での指導にあたっては，このような発達段階を踏まえたうえで行われることになる。

　ところで，ガラヒュー（Gallahue 1996年）は，発達的視点に立って幼少年期の「動きを学ぶ」ことについて，運動，認知，情緒の3つの側面からいくつか構成要素を挙げ，体系立てて説明している（図表6-1）。この中では「体育において動きを学ぶという目的は，運動スキルの習得と体力の向上（運動的側面）に基礎を置いていること。体育において運動を通して学ぶという目的は，効果的な体育は子どもの認知的，情緒的（社会感情的）能力の発達に好ましい影響をもたらすという事実に基づくものである」と述べ，「動きを学ぶ」こと

は，単に運動スキルや体力の発達を促すだけでなく，「運動を通して学ぶ」認知的側面，情緒的側面の発達にも寄与することを強調している。

　ここでの「動きを学ぶ」といった場合の運動的側面では運動スキルの発達をおいているが，各種球技運動のスキルやマット運動，陸上運動，水泳，ダンスといったさまざまな専門的運動スキルを獲得する前に，基礎的な運動スキルが発達，洗練されなければならないとしている。基礎的な運動スキルとは，移動運動（歩く，走る，跳ぶ，跳び越す，ホップするといった1要素の基礎的な運動スキルや，登る，滑る，スキップするといった2つまたはそれ以上の要素の組み合わせによる基礎的な運動スキル），操作運動（ボールころがし，投げる，蹴る，たたく，打つ，ボレーする，弾ませるといった推進的（力を加える）操作の運動スキルや，受ける，トラップするといった吸収的（力の緩衝）操作の運動スキル），姿勢制御運動（曲げる，伸ばす，ひねる，回す，振るといった体軸の姿勢を制御する運動スキルや，直立でのバランス，逆立ちバランス，ころがる，止まる，よける，動き始めるといった静的，動的姿勢を制御する運動スキル）といった運動スキルのことである。

　運動的側面のもうひとつ「体力」は健康に関連した構成要素（筋力，筋持久力，全身持久力，関節の柔軟性，身体組成や体格）とパフォーマンスに関連した構成要素（バランス，協応性，敏捷性，スピード，パワー）の2つの要素をもつとしつつ，子どもの健康関連体力とパフォーマンス関連体力はトータルな体力を発達させるうえで非常に重要であることを指摘している。

　また，認知的側面での「概念の学習」には，スキルについての知識，身体の動かし方についての知識，動き方についての知識，体力についての知識，教科における概念といった構成要素が含まれること，「知覚－運動学習」では，身体意識，空間意識，方向意識といった「空間的世界」と，同調，リズム，連続といった「時間的世界」との関わりを，運動を通して自分自身や外界に対する知覚の感受性を確立し洗練することとして扱っている。

　情緒的側面の「自己概念の向上」では，構成要素として所属，有能感，自分らしさ，自己受容，長所を挙げ，ほとんどの子どもにとってゲームやスポーツ，活発な身体活動が上手くできることは，子どもの肯定的かつ安定した自己概念の発達につながるとしている。「積極的社会化」では，集団，親和性，社会的態度の形成，性格教育，道徳的発達といった構成要素が挙げられ，運

動場面で生じるフェアプレー，協力的行為，スポーツマンシップなどは望ましい道徳行為の現れであり，運動がこれらの精神を学習できる機会となっているとしている。

体育科で扱われる各運動領域の内容は，(1) 技能（運動），(2) 態度，(3) 思考・判断となっているが，いずれも発達的視点から捉えることとして理解しなければならないことを示している。

2　運動技能の捉え方

「学習指導要領」では体育科の運動領域が示され，各々の領域で多岐にわたる運動技能の習得を課題としている。「生涯にわたって運動に親しむ資質や能力の基礎を育てる」にあたって，多様な動きを体験することは，その達成に関わる必要なことであり，子どもたちにとってさまざまな運動技能を学ぶなかで上達を確認し，上達するにつれてその運動の楽しさが深められていくことは，継続した運動実施の習慣へと結びついていく。

それぞれの運動領域の運動には，その運動特有の技能があるため，指導にあたってはこれらの技能のエッセンスを指導者自身が理解しておく必要があり，このことにより指導者は技能特有のコツを伝えることが可能となる。ここでの運動技能とは，一般には上述のガラヒューも示している専門的あるいは基礎的スキルを指している。しかし，運動技能については，ほかにも指導にあたって有意義な捉え方が紹介されており，以下でそれらを取り上げる。

(1) クローズドスキルとオープンスキル

前掲のガラヒューは運動技能を外的ペースの運動と内的ペースの運動として扱っているが，さまざまなスキルを大きな括りとして捉える方法として「オープンスキル（開放性スキル）」と「クローズドスキル（閉鎖性スキル）」という捉え方がある。オープンスキルとは運動遂行時のさまざまな外部環境の変化に適切に対応しないと上手くいかない運動技能を指し，一方クローズドスキルとは運動遂行時に外部環境からの影響を受けることなく遂行することのできる運動技能を指す。換言すれば「時々刻々と変化する不安定な環境の中で

行われる運動がオープンスキル，いつも安定した環境の中で行われる運動はクローズドスキル」である（杉原隆2003年）。

　ただし，この捉え方は二分類ではなく，クローズドな要素が多い運動技能からオープンな要素の多い運動技能へとつながっている連続したものである。たとえば，バスケットボールは相手チームの選手やチームメイトの動きに対応しながらの技能発揮が要求されるためオープンスキル主体のゲームであるが，フリースローについてはクローズドな技能ということになる。

　体育科の運動領域をこの観点で捉えると「器械運動」「陸上運動」「水泳」「表現運動」はクローズドスキルとして捉えられ，「ボール運動」はオープンスキルとして捉えることができよう。また，「体つくり運動」では両スキルを意図した運動構成が求められることにもつながる。

　この捉え方は，運動指導時に大きく影響する。たとえば，器械運動や陸上運動，水泳などでの技能は正しい動きを記憶することが練習の主たる目的となる。一方，ボール運動では周囲の環境状況を素早く正確に把握し判断する「状況判断」力をつけることが練習の主たる目的に加わってくる。

　マット運動では，1つの技について合理的な動作を習慣化させることが求められる。それに対しバスケットボールのゲームでのチームメイトへの送球場面を捉えると，「パスをする」という表現になるが，ここでは常に変化する環境条件に合わせて動作をしなければならないため，動作に多様性や柔軟性が必要となる。したがって，ある1つの動作パターンに習熟しているだけでは不十分であり，さまざまな条件の変化に適応するように多様性や柔軟性をもった動作を習熟させることが求められる。

(2) 分離スキル，連続スキル，系列スキル

　ここでの分類はどの程度その運動が連続した流れにあるかに関係したもので，分離スキルとはボールを蹴る，投げる，打つといった運動の開始と終了が明確な比較的運動時間の短い運動技能のことを言う。連続スキルとは，ジョギングや水泳のような何分間も連続した流れのある，運動の開始と終了がはっきりせず，同時に行う構成要素が複数ある運動技能を指している。系列スキルは新しい，より複雑な熟練行動を形成するために一緒に結合した分離

スキルの一群のことを指し，より大きな行為を形成するために順序よく連結された比較的運動時間の長い技能のことを指している（体操の連続技，バスケットボールのドリブルシュートなど）。

分離スキルにおいてはその遂行時間が短いことから運動遂行中の修正を自分の意志によって行うことができない。そのため運動実施後の振り返りによる修正が必要となる。運動遂行中に修正しようとする場合，補助などの外部からの矯正が必要となる。連続スキルでは，運動遂行中に修正することが可能であるが，何分間も継続した場合は，その疲労に配慮する必要がある。系列スキルは分離スキルの連なりとも捉えられるが，その際一連の分離スキルの境界をどこに取るかが問題となる。

(3) 運動スキルと認知スキル

この捉え方には違和感を覚えるかもしれないが，ボールゲームなどにおいては，その技能を実行する際に状況判断によるところが多い。「いつ，どこで，どのように」といった判断が不十分な場合，適切な技能とは言い難い。このようなおもに何をどうしたらよいのかなどの選択，意思決定に関わるスキルを認知スキルととらえ，運動スキルは運動実行に関して状況判断がほとんど含まれないスキルとして捉える。認知スキルの向上を目的とする場合，必ずしも身体活動を伴わなくても学習は可能となる。

3　運動技能の練習・指導

運動技能の向上は，認識（運動の全体像を理解する）の段階，定着（運動を安定して遂行する）の段階，自動化（熟練）の段階を経ると捉えられるが，練習や指導の方法によって効果に違いが生じる。定着の段階ではとくに繰り返しの練習がともなうが，その際，留意することがある。

(1) 分習法と全習法

運動技能を学習する際，その始まりから終わりまでの一連の過程（全体）をひとまとまりとして繰り返し練習することを全習法と呼び，一連の過程をい

くつかの部分に分割し，その部分を取り上げて練習する方法を分習法と呼んでいる。たとえば，走り幅跳びであれば助走，踏み切り，空中フォーム，着地といった一連の過程を経るが，助走から着地までの一連の過程（全体）をそのまま繰り返し練習することが全習法であり，踏み切りあるいは空中フォームといった部分を取り上げ別々に行う練習方法が分習法である。ただ，この区別は全体をどう捉えるかにより異なってくる。バレーボールなどの種目ではゲームを全体と捉えれば，サーブやスパイクを取り上げて練習することは分習法であるし，スパイクを全体と捉えれば，分習法での練習は助走やジャンプ，腕の振りなどを取り上げることになる。

　分習法には純粋分習法，漸進的分習法，反復的分習法がある。純粋分習法では，分割して練習した部分が一定水準まで学習した後にまとめて練習する方法である。課題をA・B・Cと区切った場合，A→B→C→ABCと学習を進めていく。漸進的分習法は，A→B→AB→C→ABCと分割した部分をいくつかにまとめて進める練習法。反復的分習法は，A→AB→ABCといった具合にある部分を習得した後，新しい分割部分を加えて繰り返し練習する方法である。

　全習法と分習法のどちらが効果的であるかは，その課題の特性によって異なるようであり，前述の分離スキルや連続スキルでは全習法が，系列スキルでは分習法が効果的とされている。杉原（2003年）は，「多くの要素で構成されており遂行に比較的長時間を要する運動で，要素間の相互依存性が小さい運動は分習法が適している」「要素間の結びつきが強く，短時間に瞬間的に遂行される運動は全習法が適している」と述べている。

　また，小学生の場合，能力が低く課題の習熟が進んでいないことを考えると，分習法によって，各部分の練習で上達の実感を得やすい方が意欲は高まる。一方，部分を取り上げた練習よりも全体を練習する方が子どもたちにとっては楽しい場合もあり，課題の特性や学習者の特性により練習の効果は異なるため，両練習法を上手く組み合わせることが望ましい。

(2) 練習の順序（ブロック練習とランダム練習）

　グッデとマッギル（S.Goode & R.A.Magill 1986年）は練習順序の違いが技能

の学習にどのように影響するか（文脈干渉）について報告している。バドミントンのサーブ3種類（ショート，ロング，ドライブ）の練習をブロック条件，シリアル条件，ランダム条件の3つの練習順序で行った結果である。1日30本の練習を9日間で，合計270本の練習をした。ここでは，ブロック条件での練習とランダム条件での練習結果について紹介する。ブロック条件では1日1種類のサーブだけ30本練習し，日を変えて別の種類のサーブ練習を同じく30本行った。それに対してランダム条件では1回サーブを打つごとにサーブの種類を変えて練習した。結果は1つのサーブを集中的に練習したブロック条件の方が練習での向上は高く，1回ごとに種類を変えた方はなかなか向上しなかった。しかし，練習終了後，翌日の保持テストでは，ランダム条件の方は練習効果が維持されていたのに対し，ブロック条件の方は大きく低下していた。さらに練習とは反対のコーナーからサーブを打たせると（転移テスト）この結果も同様であった。このことは練習順序が学習効果に影響を与えていることを示している。ふつう運動場面では，練習結果を高めるように努めるので，ブロック練習の方が理に適っているように思えるが，結果は逆である。1つの運動技能を集中して練習すればその時点では学習効果が高いようにみえるが，その後に発展する技能の習得には複数の技能の組み合わされた練習が適しているということである。

(3) 指導者のアドバイス（付加的フィードバック）

　子どもたちは運動技能を見て，聞いて，実際に動いて，学習をしているが，教師はその学習をより効率的なものとするためにさまざまな指導を行っている。教師は目標とする運動を提示し，子どもたちの実践を目標に到達するように情報を提供し修正を求めていく。この情報は子どもにとっては外部から特別に付加されるもの（付加的フィードバックと呼ばれる）であり，子ども自身で練習効果を上げ得ないとき，技能向上のために必要なものである。

　筒井清次郎（2012年）はいくつかの研究データをもとに，一般的によいと思われている指導観に注意を促している。付加的フィードバックは運動が終了した直後に与えられた場合よりも運動終了後数秒経ってから与えられたほうが，練習中もその後の保持テストにおいても有効であること。付加的フィー

ドバックは練習試行1回ごとに与えられるよりも練習試行2回に1回の割合で与えられるほうがその後の保持テストにおいて有効であること。この時の練習中の効果に差はない。別の報告では，目標とする運動動作からどの程度の誤差に対してフィードバックを与えると効果的かというものがある。ここでは，完全に一致しないとフィードバックを与えられる場合，5%以上の誤差に対してフィードバックを与えられる場合，10%以上の誤差に対してフィードバックを与えられる場合の3条件で，練習中においてはこの3条件の間に差はないが，その後の保持テストにおいては，10%以上の誤差に対してフィードバックを与えた場合に最も効果的であったというものである。

　直感的には，練習試行ごとに，運動直後に詳細に情報提供し運動の修正を促すことは，"丁寧な指導"といった印象を持ち，望ましいように感じられる。しかし，運動学習においては，自分の遂行した運動について自分自身で振り返ることが重要であるため"丁寧な指導"と思って行ったことが，過剰なことになってしまうこともある。その結果，学習者の振り返りの機会を奪い，付加的フィードバックに依存し，学習効果がその後保持されないものとなる。指導にあたっては，有効なタイミングや頻度があること，どの程度のミスなら修正を求めるのか，理解を深める必要がある。

4　運動好きと運動嫌い

　杉原は，女子短期大学生を対象として運動を好きになったきっかけと嫌いになったきっかけについて報告している。そこでは，小学校時代，中高校時代の体育授業を振り返り，作文を書かせ，その時関与したと考えられる動機について分類し考察している。

　図表6-2のように運動が好きになったきっかけとして小学校時代に最も多かった回答は，能力に関するもので，その回答の割合は9割に近く，中高校時代でも5割におよんでいた。具体例として「泳げるようになった」「跳び箱が跳べるようになった」「級をもらった」「上手になって教師から褒められた」ことを紹介している。小学校時代ではこの回答が圧倒的で，2番目，3番目の回答は1割に満たないが，中高校時代には「運動の面白さに関するもの」「対

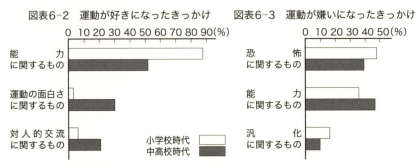

出所）杉原隆『運動指導の心理学——運動学習とモチベーションからの接近』大修館書店，2003年，p.142

人的交流に関するもの」が各々3割，2割の回答を得ている。具体例として「小さな球を自分の考えや技でいろいろ変化させることができるのだと分かった時，卓球の面白さが分かった。……」（運動の面白さ），「同じ練習で汗を流し励まし合った仲間たちが心から信頼し合い助け合うことができるのだと思い，その時からバレーボールが好きになった」（対人的交流）といった学生の作文を紹介している。

　ここには，運動が好きになったきっかけが小学校時代と中高校時代では発達差により異なる傾向があるものの，いずれにおいても1番は運動技能の向上にあったことが示されている。そして小学校時代では，この点が運動好きになる圧倒的な理由であることが示されている。

　運動が嫌いになったきっかけとしては（図表6-3），「恐怖に関するもの」「能力に関するもの」「汎化に関するもの」が挙がっている。恐怖に関しては小学校時代5割，中高校時代4割で，能力に関しては小学校時代4割，中高校時代5割ほどの学生が運動を嫌いになった理由としている。恐怖については「水泳で溺れかけて水を飲み死ぬかと思うほど苦しい思いをしてから水が怖くて水泳は嫌いになった」「ドッジボールで突き指をして非常に痛い思いをしてからボール恐怖症になり，ドッジボールだけでなく球技はみんな嫌いになった」「隣でとても上手に鉄棒をしていた子が突然鉄棒から落ち，……それを見て以来，怖くて鉄棒が出来なくなった」といった学生の作文を紹介し，能力については「泳げるようになりたいと思って一生懸命頑張ったが，自分だけがと

図表6-4 運動経験と自己概念およびパーソナリティの関係についての模式図

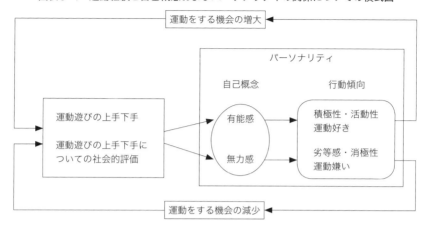

出所) 近藤充夫編著『保育内容・健康(第2版)』建帛社,1999年,p.54

うとう泳げなくて,水泳は嫌いになってしまった」「一生懸命やっているのにかけっこをするといつもビリで,皆に冷やかされたり,遅いと先生に叱られたりして,楽しかった運動会も短距離走も嫌いになっていった」「何回練習しても逆上がりができず,懸垂をしてもわずか3秒,本当に情けなくなり,それ以来鉄棒は大嫌いです」といった文章を挙げている。汎化とは一般化とも言われ「条件付けの過程において,ある刺激に対して特定の反応が生じるようになると,類似の刺激に対しても同じ反応を生じるようになる事」と解されるが,「体育の先生が嫌いで体育が嫌いになった」といったものが1割ほど挙がっている。

運動が嫌いになるきっかけは,小学校時代と中高校時代のいずれにおいても大きな違いはなく,「つらい」とか「怖い」といった場面から逃れたいといった動機,あるいは運動技能の向上を確認できないことから生じる無力感がその理由となっている。

また杉原(1999年)は,図表6-4のように模式図を用いて運動好きの問題について考察している。運動遊びを自分で上手だと評価した子どもは有能感を持ち,行動傾向としては積極的,活動的,運動好きになり運動する機会を拡大していく。一方,運動遊びを自分で下手であると評価した子どもは,無力

感を持ち劣等的，消極的な運動への取り組みから運動嫌いとなり結果的に運動する機会の減少へと導かれることになると説明している。つまり，子どもにとっては運動遊びに対して自己の能力をどのように捉えることができるかが，運動好きになるか運動嫌いになるかの大きな要因であり，このことは生涯にわたって運動に親しむ態度に影響を与えるであろうと考えられる。

森司朗(2003年)は，小学校1，2年生の児童を対象に「体育授業の好き嫌い」について運動に関する有能感との関連を報告している。その結果から，体育の授業の好きな子どもほど運動に関する有能感が高いことから，小学校の低学年においては，運動に関する有能感と体育授業の好き嫌いの間に関連があることを示している。つまり，運動に関する有能感の高い児童ほど体育授業へ積極的に取り組んでいることを意味し，上述の杉原の紹介している模式図の関係を再確認している。

ところで，子どもたちはいつから自分の能力について気づくことができるのであろうか。上述の森はハーター(Harter 1999年)の「子どもたちは8歳くらいまでに，自己価値(self-worth：自分についての全般的な有能感)の全体的な感情に関して自分で認知できる」ことを示し，8歳以前の子どもたちは自分の能力について自分で評価できないとしている。また，桜井茂男(1997年)が「……保護者や親の存在が大きく，自己評価をするための重要な基準となっている」と述べていることを引用し，8歳以前の子どもたちが自己評価をする場合，親や教師などの大人から受ける影響の大きいことを指摘している。つまり，周囲の大人たちの関わりがこの時期の子どもの運動の好き嫌いを左右することになる。

8歳以降の子どもで運動の有能感が高いとしても，自分の中に運動に対しての価値や意味を持っていなければ，運動好きになるとは言い難い。子どもたちが運動に興味や価値を見いだせるように教師や運動指導者はその関わり方の重要性を認識しておかなければならない。

> 確認問題

1　ガラヒューの示す基礎的運動スキルと専門的運動スキルについて述べよう。
2　オープンスキルとクローズドスキルを具体的な運動スキルを挙げ説明しよう。
3　全習法と分習法について説明しよう。
4　運動嫌いを生み出すきっかけについて，有能感との関係を含めて説明しよう。

引用文献・より深く学習するための参考文献
・桜井茂男『学習意欲の心理学』誠心書房，1997年，pp.78-86
・杉原隆「パーソナリティーの発達と運動」，近藤充夫編著『保育内容健康（第2版）』建帛社，1999年，pp.46-55
・杉原隆『運動指導の心理学――運動学習とモチベーションからの接近』大修館書店，2003年
・筒井清次郎「効果的なフィードバック」，中込四郎，伊藤豊彦，山本裕二編著『よくわかるスポーツ心理学』ミネルヴァ書房，2012年，pp.62-65
・永島惇正編著『スポーツ指導の基礎――諸スポーツ科学からの発信』北樹出版，2000年
・日本体育学会監修『最新スポーツ科学事典』平凡社，2006年
・森司朗「幼少年期における運動の好き嫌い」『体育の科学』53巻12月号，杏林書院，2003年 pp.910-914
・文部科学省『小学校体育（運動領域）まるわかりハンドブック』2011年，低学年，中学年，高学年いずれもp.6
・David L. Gallahue, *Developmental Physical Education for Today's Children*. McGraw-Hill, 1966（邦訳：杉原隆訳『幼少年期の体育――発達的視点からのアプローチ』大修館書店，1999年）
・Richard A. Schmidt, *Motor Learning & Performance*. Human Kinetics, 1991（邦訳：調枝孝治監訳『運動学習とパフォーマンス』大修館書店，1994年）
・S. Goode & R. A. Magill, "Contextual Interference Effects in Learning Three Badminton Serves" *Research Quarterly for Exercise and Sport* 57-4, 1986, pp.308-314
・S. Harter, *The construction of the self*. pp147-157. THE GUILFORD PRESS, 1999

第7章

子どもの安全

　安全とは家庭や社会生活あるいは学校管理下における各種事故，自然災害，さらには犯罪や暴力などの事件に対して適切に処置が施されていることをいう。安全の確保は個人だけでなく，社会全体で取り組むべき課題である。

　将来の社会を担う子どもに対して，学校安全の果たす役割は非常に大きい。

　学校安全の意義を知り適切に対処することは，人の生涯にわたる健康を維持することとなる。また，運動・スポーツ活動中の安全の確保と緊急時の処置法を知ることも健康な生活を送るために必須である。これらを子どもたちに理解させ，安全に対して主体的に判断し，行動できるように指導したい。

キーワード

学校安全　安全管理　安全教育　BLS教育　けがの処置

1　学校安全

(1) 学校安全の意義とねらい

　文部科学省[1]によれば，学校安全のねらいは，児童らが自他の生命尊重を基盤として自ら安全に行動し，ほかの人や社会の安全に貢献できる資質や能

力を育成するとともに，積極的に安全な環境づくりができるようになること
にある。そのため，学校安全の活動は，児童らが自らの行動や外部環境に存
在するさまざまな危険を制御して安全に行動できるようにすることを目指す
安全教育と，児童生徒らを取り巻く外部環境を安全に整えることを目指す安
全管理，そして両者の活動を円滑に進めるための組織活動という3つの主要
な活動から構成される（図表7-1）。

図表7-1　学校安全の構造図

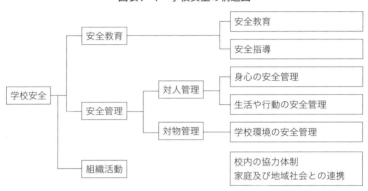

出所）文部科学省「学校における体育活動中の事故防止について（報告書）」（2012年7月）文部科学省ホームページ　http://www.mext.go.jp/a_menu/sports/jyujitsu/__icsFiles/afieldfile/2012/07/27/1323968_1_1.pdf

　学校安全の領域としては，「生活安全」「交通安全」「災害安全（防災と同義）」の3つの領域があげられる。
　「生活安全」は日常生活で起こる事件や事故災害を取り扱う。近年，児童が巻き込まれる犯罪が多発しており，防犯対策は非常に重要な課題である。
　「交通安全」には，さまざまな交通場面における危険と安全が含まれる。
　「災害安全」には地震，風水（雪）害のような自然災害はもちろん，火災や原子力災害も含まれる。また，食中毒の防止や学校環境の衛生も同様である。

　学校安全に関する活動は，学校と家庭や地域とが密接に連携し，体育をはじめとする各教科や道徳，特別活動，総合的な学習の時間，課外の指導など，学校の教育活動全体のさまざまな機会で行われる。その際，生涯にわたって

自らの安全を守り，ほかの人々や社会の安全に貢献できる資質や能力を育成するとともに，児童や教職員の安全を守る環境をつくり，社会の中で「安全文化」の創造に貢献できるようにすることを基本的なねらいとし，学校安全に関する諸活動を推進しなければならない。

(2) 小学生における安全教育の意義

学校安全を進めるにあたり，小学生における安全教育の重要性は高い。小学生は安全教育にとっては最適な時期である。大人（教師や保護者）のしつけを素直に聞ける時期であり，幼児に見られるような衝動的な行動もおさまり，危険を認識する能力が身につくためである。

低学年においては，環境の現実的側面に対する理解が進むため，「見える危険（顕在的危険）」に対しては危険と判断できるが，「見えない危険（潜在的危険）」に対する認知度は低い。したがって，「もしかしたら危ない」「危険につながるかもしれない」というような，予測や想像を働かせる能力を高めたい。

中・高学年になると危険に対する判断・対処能力はより高まるため，安全に対する指導の効果は大きく，この時期に充分な安全教育を施したい。一方，その行動範囲の広がりにより，未知の場所や状況における危険性は増大する。「安全マップづくり」のような具体的な教材による安全教育は非常に有効である。

2　体育活動における安全

教育活動を行ううえで安全を確保することは最重要課題である。とくに体育活動は，ほかの教科に比べて直接事故に結びつくことも多く，実際に事故の事例も数多く報告されている。事故は軽傷から重篤なものまでさまざまであるが，死亡事故や障害の残るような事故はゼロに近づけなければならない。事故の実態を知ること，また，万が一の場合への救急対処法を知ることは安全教育の基本事項である。「小学校学習指導要領」においても「けがの防止について理解するとともに，けがなどの簡単な手当ができるようにする」ことが，体育の到達目標とされている。体育活動における事故の概要をとらえ，

体育活動中における安全教育を考える。

(1) 学校における事故の現状

学校管理下における事故件数は，独立行政法人日本スポーツ振興センターの災害給付の実績[2]から把握することができる。文部科学省ではこれらのデータを死亡・重度障害の事故を中心に分析し，学校における安全対策について検討，報告している[1]。

事故件数は近年増加傾向にあるものの，これは医療機関への受診件数の増加が影響しており，事故そのものの増加というより，安全意識の高まりととらえることができる。また，死亡事故や重度の障害の発生件数は減少しており，学校における安全対策は一定の効果を上げているといえる。

事故総数に占める死亡・重度の障害の事故件数の発生率を学校種別，学年別にみると，小学校約10%，中学校約30%，高校約60%であり，学校種があがるほど事故が増える(図表7-2)。小学校では，発生件数，発生率ともに少ないが，学年が上がるほど増加するという特徴が見られる。

図表7-2　死亡・重度の障害事故──学校種・学年別──

学年	小1	小2	小3	小4	小5	小6	中1	中2	中3	高1	高2	高3	合計
件数	5	5	9	7	16	18	65	69	54	142	118	82	590
%	0.8	0.8	1.5	1.2	2.7	3.1	11.0	11.7	9.2	24.1	20.0	13.9	100
	10.1						31.9			58.0			100

出所）文部科学省「学校における体育活動中の事故防止について(報告書)」(2012年7月)文部科学省ホームページ　http://www.mext.go.jp/a_menu/sports/jyujitsu/__icsFiles/afieldfile/2012/07/27/1323968_1_1.pdf

男女別にみる事故の割合は，小中高全体では男子83%，女子17%であるが，小学校に限れば男子の割合は63%であり，男女の差は比較的小さい。これらの学校種，学年，男女別による事故件数の傾向から，発育による体格や運動能力の向上が事故に関してはリスクにもつながることを認識したい。

教育活動別にみると，小学校においては体育科の授業中が60%であり，放課後の「その他の課外活動」や運動会など特別活動を含めると全体の90%以

図表7-3　死亡・重度の障害事故——学校種別・教育活動別割合——

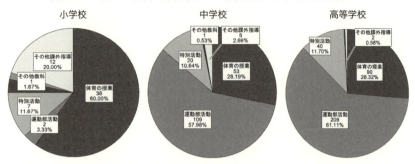

出所）文部科学省「学校における体育活動中の事故防止について（報告書）」（2012年7月）文部科学省ホームページ　http://www.mext.go.jp/a_menu/sports/jyujitsu/__icsFiles/afieldfile/2012/07/27/1323968_1_1.pdf

上である。これは，中学校・高等学校の事故の割合が，運動部活動で過半数を超えるのとは明らかに違う傾向である（図表7-3）。

傷病別に見ると突然死が過半数を占め，高学年で多く見られる。種目別では水泳，陸上競技などごく一般的な種目である。高学年は発育段階において大人に変わりつつある時期で，それは救急処置の際にその方法が異なる根拠となる。

死亡や重度の障害ではない「けが」の発生の一般的な傾向は，近年，大きな変化はない[2]。児童のけがは，「休憩時間」に多く，「運動場・校庭」「体育館・屋内運動場」「教室」に多い。体育施設も多いことから施設面からみた安全管理も重要である。部位としては「手・手指部」「足関節」に多い。ついで「顔部」「頭部」に多い。顔部・頭部のけがが多いのは，児童の発育上の頭部が重いという身体的特徴によるもので，頭部外傷への注意，対処法には注意が必要である。

(2) 体育活動の安全な実施，事故防止の基本的な考え方

事故防止のためには，学校が組織的に安全な教育環境実現に取り組む必要がある。学校の教育活動においてはさまざまな要因（以下参照）で事故が起きる可能性があるが，それらを把握し，どのようにして事故を未然に防ぎ，安

全な活動を確保するかが課題である。それには，指導者側の取り組みと，子どもたちが自分自身で主体的に安全を守るための知識や技能そして態度を身につけることの両面が重要である。

【事故の一般的な要因】
・自身の人為的要因
・他人からの人為的要因
・運動やスポーツの特性による要因
・体力・技能や発達の段階による要因
・活動計画や安全対策による要因
・施設・設備・用具などの要因
・自然現象や自然環境などの要因
・複合的な要因

一方で，安全のために教育（体育）活動が消極的にならないようにしたい。安全の確保のみが先行し，体育活動のなかで運動量や運動の楽しみが半減しないように，指導者は注意義務，すなわち①安全を確保する義務（危険予測義務），②危険な結果を回避する義務（危険回避義務）に十分留意したうえで指導にあたりたい。

(3) 体育活動における安全教育と安全管理

学校安全の活動は，「安全教育」と「安全管理」そして両者の活動を円滑に進めるための「組織活動」という3つの主要な活動から構成される（91ページ，図表7-1参照）。

「安全教育」とは児童が自らの行動や外部環境に存在するさまざまな危険を制御して安全に行動できるようにすることを目指すことであり（図表7-4），「安全管理」とは児童を取り巻く外部環境を安全に整えることを目指すことである。

これは体育活動においても当てはまり，文部科学省では体育活動を安全に進めるためのポイントを以下のようにまとめている[3]。

図表7-4　安全教育の領域と構造

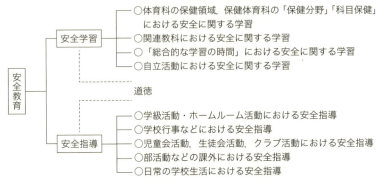

出所）文部科学省　安全教育参考資料「生きる力をはぐくむ学校での安全教育」
（2010年3月）文部科学省ホームページ　http://www.mext.go.jp/component/
a_menu/education/detail/__icsFiles/afieldfile/2010/10/26/1289314_03.pdf

1）安全教育

　各学校では，学校長の経営方針のもとで安全教育の視点で目標が示された学校経営計画を作成する。安全教育には，安全について適切な意思決定ができるようにすることをねらいとする「安全学習」の側面と，安全の保持増進のための実践的な能力や態度，望ましい習慣の形成を目指して行う「安全指導」の側面があり，相互関連を図りながら継続的に行われる。

①体育科における安全学習

　児童一人ひとりが安全に関する知識や技能を身につけ，積極的に自他の安全を守れるようにする。

②部活動における安全学習

　小学校での部活動は広く展開されていないが，児童の発達段階に即した活動内容の計画が必要である。

③危険予測・回避能力の育成

　体育活動における安全学習や安全指導を通じて危険予測能力および危険回避能力を育成する。

　運動・スポーツにはそれぞれに特有の危険を持つが，児童はそれらに対する予測力，回避能力が低い。安全教育では危険を予測し，回避するための思

考力や判断力を高めたい。そのためには，①安全に関する基礎的・基本的な事項の確実な理解，②適切な意思決定・行動選択，が重要である。

単に禁止事項や制限事項などの規制をする指導だけでなく「なぜ危険なのか？」「どうすれば安全か？」を自ら考え，判断するような指導を大切にしたい。

2) 安全管理
安全管理は以下の2点を中心とする。
①対人管理
学校は児童の身体の状況や健康状態の理解に努める。体育授業においては，児童の発達段階や技能・体力に応じた指導計画を立てること。

また，児童の疲労状況，気候の変化に応じて指導計画や活動計画を修正しながら，健康管理につとめる。
②対物管理
体育科は施設・設備を利用するため，それらの安全確認は指導者，児童がともに行うことが必須である。活動内容・方法には一定の禁止・制限事項が必要となる。また，使用方法や管理方法の誤り，点検の不足が事故の要因となることをしっかりと認識することが必要である。あわせて，子どもにも充分に認識させることが重要である。

3) 組織活動
安全教育や安全管理を効果的に進めるためには，教職員の研修の実施や子どもとの協力体制の構築が欠かせない。また，家庭や地域社会との密接な連携を図り，組織活動を円滑に進めたい。

組織活動の具体的な内容は以下の通りである。
①学校安全計画の作成
学校教育全般における安全指導の全体像を計画する。体育活動中の事故防止の視点を含める。
②学校保健委員会
学校保健委員会を組織し児童のけがの状況を把握し，事故防止に向けた取

り組み・提言を行う。

③事故防止研修会

事故防止研修会を全教職員を対象に行い，事故防止の意識を高める。

熱中症予防研修会は重要なものと位置づけ，組織的に対応できるようにする。

いずれの活動も明確に区別されるものではなく，全体が相互に関連しながら組織的かつ継続的に行われるようにする。

(4) 体育科授業での取り組み

1) BLS教育

BLSとはBasic Life Supportの略であり，一次救命処置のことである。心肺蘇生法(CPR)が中心であり，BLS教育とは心肺蘇生法を含めた救命処置すべてに関する教育のことをいう。

小学校学習指導要領においては，保健領域で「けがの防止について理解するとともに，けがなどの簡単な手当ができるようにする」ことが示されている。BLS教育の内容に関しては「速やかに大人に知らせること」が記されており，人工呼吸などの応急処置の方法は，中学校・高校での内容である。

しかし，「生命の教育」を大切にする観点から小学生に対するBLS教育は重要である。小学校低学年におけるBLS教育のねらいは，心肺蘇生法のスキルそのものよりも，「異変に気づくこと」「周囲の大人に知らせること」を認識させることである。高学年においても「周囲の大人を呼ぶこと」が一番重要であり，図表7-5に示すとおり，「反応がないことを確認」「119番通報」や「大人を呼び，AEDを取りに行く」といった行動のフローチャートを理解させることである。また，救命のためには「心臓を早く動かす」必要があること，また，119番通報が大切であることを理解させる。

ドリンカー曲線（図表7-6）とは，呼吸停止からの時間経過での生存率を示したものである。呼吸停止から1分後に心肺蘇生法を開始した場合97%の生存率であるが，3分後では75%，5分後では25%とわずかな時間に生存率は急激に低下する。それに対し総務省消防庁の調査によると，119番通報から現場に救急車が到着するまでには，7.9分かかる（総務省消防庁・2012年度）とされ

第7章 子どもの安全

図表7-5 子ども向けの倒れた人を発見した際のフローチャート

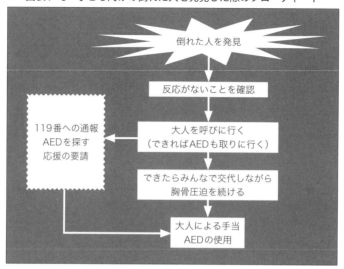

出所) 田中秀治『2時間でできる心肺蘇生法トレーニング』大修館書店，2008年

図表7-6 ドリンカー曲線

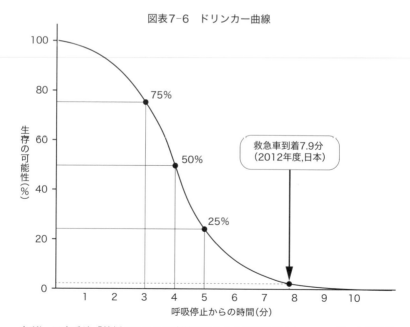

出所) 田中秀治『教師のための2時間でできる心肺蘇生法トレーニング』大修館書店，2008年

ている。これらのことを例示して「大人に知らせること」，一刻も早く「救急隊への連絡を行うこと」，また，現場において「迅速な手当を施すこと」がいかに重要かをよく理解させたい。

　一般的に大人が実行すべき心肺蘇生法の手順は，図表7-7に示すとおりである。しかし，児童に対しては，理解しやすい表現が必要である。田中[4]らは子どもに向けた簡易な図を示している（99ページ，図表7-5）。小学生の低学年にも理解しやすい内容であり，授業時ばかりでなく日常生活でも活用したい。

図表7-7　市民のためのBLS

```
        反応なし
           │
        大声で叫ぶ        ┌子ども（8歳未満）の場合は
        119番通報・AED    │CPRを2分間実施してから119番
           │             └通報・AED（1歳以上）
    気道を確保し，呼吸を見る
           │
     普段どおりの息      している    回復体位にして様子を見守り
     をしているか？ ──────────→  ながら専門家の到着を待つ
           │
         していない
           │
   胸が上がる程度の人工呼吸を2回
         （省略可能）
           │
   胸骨圧迫30回＋人工呼吸2回を繰り返す
   ［AEDを装着するまで，専門家に引き継ぐまで，
    または傷病者が動き始めるまで］
   圧迫は強く・速く（約100回/分）・絶え間なく
     圧迫解除は胸がしっかり戻るまで
           │
        AED装着
           │
        心電図解析
      電気ショックは必要か？
      ／              ＼
   必要あり            必要なし
   電気ショック1回      ただちに心肺蘇生を再開
   その後ただちに心肺蘇生を再開   5サイクル（2分間）
   5サイクル（2分間）
```

出所）日本救急医療財団　日本版救急蘇生ガイドライン策定小委員会

2) 日本のBLS教育の課題

アメリカや北欧では早く（1960年代）から学校の保健体育授業においてBLS教育が行われてきた。とくにノルウェーにおいてBLS教育は1980年代に学校教育のなかで必須となり現在にいたっている[4]。そのなかでは，幼稚園児から中学生まで年齢に応じて学習内容を増やし，長期的に連続性を持たせて知識・技術習得を目指す学習が展開されている。これにより低学年からのBLS教育が効果をあげている。日本においては学習指導要領に高学年でけがの手当や予防を扱うだけで低中学年ではほとんど触れられない。「生命の尊さ」や「生命を守る」ことなど「生命の教育」を進めるために日本の教育現場においても低年齢からのBLS教育の導入，充実は今後の課題である。

(5) けがへの対処

1) RICE処置

RICE処置とはけがをした際の基本的な処置の方法である。Rest（安静），Ice（冷却），Compression（圧迫），Elevation（高挙）の頭文字からとった対処法である。けがをした場合は，できるだけ出血を抑えることが重要である。傷があり出血している場合や捻挫・打撲などの内出血でも有効な手段とされている。学習指導要領では，簡単なけがの手当の方法を理解することが求められているが，傷口を清潔にすることやRICE処置については実習を通じて身につけるようにする。

2) 頭部の外傷

体育やスポーツ活動中に頭部に打撃を受ける事故は，頭部が重いという児童の形態的特徴からすると，比較的起こりやすい。外傷の場合は流水などで清潔にすることが対処法としてあげられる。外傷とともに転倒などによる頭部強打が原因の「脳しんとう」などに注意が必要である。最近では「セカンドインパクトシンドローム」とよばれる，繰り返しの打撃による影響が指摘されており，文部科学省でも注意を呼びかけている[1]。もし，打撃を受けた場合は安静にすることや，頭部を冷やすという対処法が必要である。また，頭部への打撃は徐々に具合が悪くなり，それが重篤な状態に進行する可能性

があることを充分に認識させたい。

(6) 熱中症

近年，熱中症予防に対する取り組みはさまざまな場面で行われ，広く認知されている。運動・スポーツ活動中でも活動前から充分な水分補給が必要なことや，それを習慣づけ，子どもたち自らが行動できるように指導する。

活動前に運動のできる環境かを判断することとともに塩分や水分補給ができる環境を整えることも重要である。

(7) その他の取り組み

「浮いて待て」

近年，着衣泳など水辺の危険性に対する予防の取り組みは多く行われ，一定の成果をあげている[5]。一方で「安全な授業」に対する意識の高まりが，水泳の授業における運動量の低下とそれにともなう泳力の不足を招き，万が一の場合の泳力に不安を残す。近年では先の東日本大震災の際にも成果をあげた，「浮いて待て」が国内で広がりつつある[6]。「浮いて待て」は溺れた場合の対処法であり，息を吸って仰向けに浮かぶ"背浮き"の状態で身体を水面に浮かばせる方法である。「UITEMATE」として海外にも紹介され有効であるとされている。着衣泳とともに小学生年代の安全教育に取り入れたい内容である。

確認問題

1　安全管理と安全教育について，発育・発達の状況に応じてどのように変化させたらよいのか考察しよう。
2　体育施設における安全管理において，どのような点を点検したらよいか，体育館，グラウンド，プールを例として，具体的にあげよう。
3　体育・スポーツ活動における事故やけがの一般的な特徴をまとめ，指導の際にどのようなことに注意したらよいか考えよう。

第7章　子どもの安全

引用文献
1) 文部科学省「学校における体育活動中の事故防止について（報告書）」2012年7月　文部科学省ホームページ
   http://www.mext.go.jp/a_menu/sports/jyujitsu/__icsFiles/afieldfile/2012/07/27/1323968_1_1.pdf
2) 独立行政法人日本スポーツ振興センター『学校の管理下の災害』2013年
3) 文部科学省　安全教育参考資料「生きる力をはぐくむ学校での安全教育」2010年3月
   http://www.mext.go.jp/component/a_menu/education/detail/__icsFiles/afieldfile/2010/10/26/1289314_03.pdf
4) 田中秀治『教師のための2時間でできる心肺蘇生法トレーニング』大修館書店，2008年
5) 髙橋健夫・野津有司編著『小学校学習指導要領の解説と展開　体育編』教育出版，2008年
6) 朝日新聞夕刊『溺れたら「ういてまて」』2014年6月2日付

より深く学習するための参考文献
・環境省『熱中症保健指導マニュアル』2011年
・日本救急医療財団心肺蘇生法委員会『改訂3版　救急蘇生法の指針（市民用・解説編）』へるす出版，2006年
・文部科学省『小学校学習指導要領』東京書籍，2008年
・文部科学省『小学校学習指導要領解説 体育編』東洋館出版社，2008年
・渡邉彰・今関豊一編著『小学校新学習指導要領の展開　体育科編』明治図書，2009年

第8章 保健

　保健領域の授業を計画するうえで,「知識を活用する学習活動」の積極的な取り入れは不可欠である。当然のように知っておく必要のある言葉,理解しておかなければならない事柄を知識として習得することも大切であるが,その習得した知識を活用する学習を通して,思考力や判断力を育成することも重要である。そのなかで,ロール・プレイングやブレイン・ストーミングを効果的に取り入れつつ,養護教諭などとの連携を図る工夫も取り入れたい。

キーワード

生活と健康　思春期　心の健康　手当　予防

1　毎日の生活と健康

　第3学年で取り扱う「毎日の生活と健康」は,配当授業時数4時間扱いで,以下の3つの内容について学習する。

　　ア　健康な生活とわたし
　　イ　1日の生活の仕方
　　ウ　身の回りの環境

　【単元の目標】

健康な生活について理解できるようにし，身近な生活において健康で安全な生活を営む資質や能力を育てる。

【「小学校学習指導要領」の内容】
(1) 健康の大切さを認識するとともに，健康によい生活について理解できるようにする。

ア　心や体の調子がよいなどの健康の状態は，主体の要因や周囲の環境の要因がかかわっていること。
イ　毎日を健康に過ごすには，食事，運動，休養及び睡眠の調和のとれた生活を続けること。また，体の清潔を保つことなどが必要である。
ウ　毎日を健康に過ごすには，明るさの調節，換気などの生活環境を整えることなどが必要であること。

図表8-1　第3学年「毎日の生活と健康」の評価基準

	健康・安全への関心・意欲・態度	健康・安全についての思考・判断	健康・安全についての知識・理解
●評価基準に盛り込むべき項目	健康な生活について関心をもち，学習活動に意欲的に取り組もうとしている。	健康な生活について，課題の解決を目指して，知識を活用した学習活動などにより，実践的に考え，判断し，それらを表している。	健康の状態，1日の生活の仕方，身の回りの環境について，課題の解決に役立つ基礎的な事項を理解している。
●評価基準の設定例	・健康な生活について，教科書や資料などを見たり，自分の生活を振り返ったりするなどの学習活動に進んで取り組もうとしている。 ・健康な生活について，課題の解決に向けての話合いや発表などの学習活動に進んで取り組もうとしている。	・健康な生活について，教科書や資料などを基に，課題や解決の方法を見付けたり，選んだりするなどして，それらを説明している。 ・健康な生活について，学習したことを自分の生活と比べたり，関係を見付けたりするなどして，それらを説明している。	・健康の状態は，主体の要因や周囲の環境の要因がかかわっていることについて理解したことを言ったり，書いたりしている。 ・1日の生活の仕方について理解したことを言ったり，書いたりしている。 ・身の回りの環境について理解したことを言ったり，書いたりしている。

健康とは，イメージしやすい体の部分だけでなく，深く関わりを持っている心の部分も影響していることを理解させる必要がある。また健康の状態は，1日の生活の仕方などの主体の要因や身の回りの環境の要因が合わさっていることも，理解させておきたい。

　主体の要因に関しては，1日の生活の仕方が深くかかわっており，1日の生活のリズムに合わせて，食事，運動，休養，睡眠をとることが必要であることを理解させる。そのために，教科書に提示されているようなよい例と悪い例を参考に，自分自身の1日の生活の流れを振り返らせ，改善点を考えさせる活動を取り入れたい。また，体や衣服などの清潔を保つことも必要であることを理解させるために，

　　①寒天を使って自分の手洗いの正確さを調べる。
　　②歯垢染色液を使って自分の歯磨きの正確さを調べる。

といった視覚に訴えるような実験を，養護教諭や学校医と連携して実施し，普段の生活を振り返らせるようにする。

　周りの環境の要因に関しては，部屋の明るさの調節や換気などの生活環境を整えることの重要性を理解させ，学級での日直や係活動の場面と結びつけることで，効果的に意識させることが可能となる。

　この単元では，自分の生活を見直すことを通して，健康によい1日の生活の仕方を実践する意欲や，生活環境を整えるために自分でできることを実践する意欲を持てるようにする。

2　育ちゆく体とわたし

　第4学年で取り扱う「育ちゆく体とわたし」は，配当授業時数4時間扱いで，以下の3つの内容について学習する。

　　ア　体の発育・発達
　　イ　思春期の体の変化
　　ウ　体をよりよく発育・発達させるための生活

第8章 保健

【単元の目標】
　体の発育・発達について理解できるようにし，身近な生活において健康で安全な生活を営む資質や能力を育てる。

【学習指導要領の内容】
(2) 体の発育・発達について理解できるようにする。
ア　体は，年齢に伴って変化すること。また，体の発育・発達には，個人差があること。
イ　体は，思春期になると次第に大人の体に近づき，体つきが変わったり，初経，精通などが起こったりすること。また，異性への関心が芽生えること。
ウ　体をよりよく発育・発達させるには，調和のとれた食事，適切な運動，休養及び睡眠が必要であること。

図表8-2　第4学年「育ちゆく体とわたし」の評価基準

	健康・安全への関心・意欲・態度	健康・安全についての思考・判断	健康・安全についての知識・理解
●評価基準に盛り込むべき項目	体の発育・発達について関心をもち，学習活動に意欲的に取り組もうとしている。	体の発育・発達について，課題の解決を目指して，知識を活用した学習活動などにより，実践的に考え，判断し，それらを表している。	体の年齢に伴う変化や個人差，思春期の体の変化，よりよく発育・発達させるための生活について，課題の解決に役立つ基礎的な事項を理解している。
●評価基準の設定例	・体の発育・発達について，教科書や資料などを見たり，自分の生活を振り返ったりするなどの学習活動に進んで取り組もうとしている。 ・体の発育・発達について，課題の解決に向けての話合いや発表などの学習活動に進んで取り組もうとしている。	・体の発育・発達について，教科書や友達の話などを基に，課題や解決の方法を見付けたり，選んだりするなどして，それらを説明している。 ・体の発育・発達について，学習したことを自分の成長や生活と比べたり，関係を見付けたりするなどして，それらを説明している。	・体の年齢に伴う変化や個人差について理解したことを言ったり，書いたりしている。 ・思春期の体の変化について理解したことを言ったり，書いたりしている。 ・体をよりよく発育・発達させるための生活について理解したことを言ったり，書いたりしている。

すでに4年生の段階で，体の変化が始まっている児童も出始め，不安に感じている場合もある。そこで，体は年齢に伴って変化し，発育・発達の仕方や時期には，個人差があることを理解させるようにする。

　そして，思春期には体つきに変化が現れ，男女の特徴がはっきりしてくる。初経，精通，変声，発毛が起こり，異性への関心が芽生えてくるのがこの時期である。とくに女子児童の初経は，自分が病気になったのではないかと錯覚する場合もある。そのため，これらの変化は，大人の体へと成長しているしるしであり，恥ずべきことでも心配することでもないことを理解させる必要がある。そのためにも，自分自身が初経を迎えたとき，あるいは友達が迎えたときにどのようにすればよいか，ここではロール・プレイングを通して，養護教諭や同性の教員に相談するなどの方法があることを，ぜひとも理解させておきたい。

　大人に向けて体がよりよく成長するためにはどうすればよいか，3年生の復習を兼ねて，調和のとれた食事，適切な運動を続けること，休養・睡眠を十分にとることが必要であることを振り返らせるようにする。

3　心の健康，けがの防止

(1) 心の健康

　第5学年の前半で取り扱う「心の健康」は，配当授業時数3時間扱いで，以下の3つの内容について学習する。

　　ア　心の発達
　　イ　心と体の相互の影響
　　ウ　不安や悩みへの対処

【単元の目標】
　　心の健康について理解できるようにし，身近な生活において健康で安全な生活を営む資質や能力を育てる。

【学習指導要領の内容】
(1) 心の発達及び不安，悩みへの対処について理解できるようにする。
　ア　心は，いろいろな生活経験を通して，年齢に伴って発達すること。
　イ　心と体は，相互に影響し合うこと。
　ウ　不安や悩みへの対処には，大人や友達に相談する，仲間と遊ぶ，運動をするなどいろいろな方法があること。

図表8-3　第5学年「心の健康」の評価基準

	健康・安全への関心・意欲・態度	健康・安全についての思考・判断	健康・安全についての知識・理解
●評価基準に盛り込むべき項目	心の健康について関心をもち，学習活動に意欲的に取り組もうとしている。	心の健康について，課題の解決を目指して，知識を活用した学習活動などにより，実践的に考え，判断し，それらを表している。	心の発達，心と体の相互の影響，不安や悩みの対処について，課題の解決に役立つ基礎的な事項を理解している。
●評価基準の設定例	・心の健康について，教科書や資料などを見たり，自分の生活を振り返ったりするなどの学習活動に進んで取り組もうとしている。 ・心の健康について，課題の解決に向けての話合いや発表などの学習活動に進んで取り組もうとしている。	・心の健康について，教科書や友達の話などを基に，課題や解決の方法を見付けたり，選んだりするなどして，それらを説明している。 ・健康な生活について，学習したことを自分の生活と比べたり，関係を見付けたりするなどして，それらを説明している。	・心の発達について理解したことを言ったり，書いたりしている。 ・心と体の相互の影響について理解したことを言ったり，書いたりしている。 ・不安や悩みへの対処について理解したことを言ったり，書いたりしている。

　思春期を迎え，自分の手元中心だった視野が一気に拡がり，急に友達の目が気になり始めたり，他者と自分を比べたりするようになる。そのため，対人関係でのトラブルなどから不安や悩みが発生し，ストレスを感じるようになる。そこでこの単元では，心の発達を受け入れて，どのように心を成長させていくかを考えさせる。
　心の発達は，体の発達のために特定のトレーニングを実施するのとは違い，人との関わりや自然との触れ合いなど，いろいろな生活経験や学習を通して，

年齢に伴って発達していく。したがって，現在抱えている不安や悩みがすぐに解決しない場合が多いことを理解させる必要がある。

そのうえで，不安や悩みは誰もが経験することであり，そうした場合には，身近な人と話したり相談したりする，仲間と遊ぶ，運動するなど，さまざまな対処法があり，自分に合った方法で対処できるようになっていけるようにしたい。

ここでは，自分が試している対処法を見直すほかに，友達が実施している対処法を聞き，自分の中の対処法のバリエーションを増やせるようにすることも重要である。

(2) けがの防止

第5学年の後半で取り扱う「けがの防止」は，配当授業時数5時間扱いで，以下の2つの内容について学習する。
　　ア　交通事故や身の回りの生活の危険が原因となって起こるけがの防止
　　イ　けがの手当

【単元の目標】
　けがの防止について理解できるようにし，身近な生活において健康で安全な生活を営む資質や能力を育てる。

【学習指導要領の内容】
(2) けがの防止について理解するとともに，けがなどの簡単な手当ができるようにする。
　ア　交通事故や身の回りの生活の危険が原因となって起こるけがの防止には，周囲の危険に気付くこと，的確な判断の下に安全に行動すること，環境を安全に整えることが必要であること。
　イ　けがの簡単な手当は，速やかに行う必要があること。

第8章 保健

図表8-4　第5学年「けがの防止」の評価基準

	健康・安全への関心・意欲・態度	健康・安全についての思考・判断	健康・安全についての知識・理解
●評価基準に盛り込むべき項目	けがの防止について関心をもち、学習活動に意欲的に取り組もうとしている。	けがの防止について、課題の解決を目指して、知識を活用した学習活動などにより、実践的に考え、判断し、それらを表している。	交通事故や身の回りの生活の危険が原因となって起こるけがの防止、けがの手当について、課題の解決に役立つ基礎的な事項を理解している。
●評価基準の設定例	・けがの防止について、教科書や資料などを見たり、自分の生活を振り返ったりするなどの学習活動に進んで取り組もうとしている。 ・けがの防止について、課題の解決に向けての話合いや発表などの学習活動に進んで取り組もうとしている。	・けがの防止について、教科書や資料を基に、課題や解決の方法を見付けたり、選んだりするなどして、それらを説明している。 ・けがの防止について、学習したことを自分の生活と比べたり、関係を見付けたりするなどして、それらを説明している。	・交通事故や身の回りの危険が原因となって起こるけがとその防止について理解したことを言ったり、書いたりしている。 ・けがの手当について理解したことを言ったり、書いたりしている。

　「事故」という言葉から児童がイメージを持つのは、ニュースになるような大きな事故である。しかし、身近なところに目を移せば、学校内でも人と人との接触事故など、多くの場面で事故が発生している。そこで、まずは自分たちの生活圏内である校舎の中、グラウンドといった身近な場所での事故の発生を検証し、安全マップやポスターを作成するなどの活動を通して改善策を考えさせ、安全に対する意識を持たせたい。その際に、事故やけがは、人の行動の仕方と周りの環境が関わり合って起こることを理解させるようにする。

　また、事故やけがを防止するには、危険に早く気づき、的確な判断のもとに安全に行動することが必要であることや、施設、設備など、安全な環境を整えることが必要であることを理解できるようにする。とくに、小学生にとってなじみのある自転車は、警察署との連携で実施される交通安全教室で取り上げられることも多く、こうした安全教室と連携した授業展開は、非常に効果的である。

そして，事故だけでなく犯罪被害を防止するためには，事故と同様に，犯罪が起こりやすい場所を避けるようにするだけでなく，万が一犯罪に巻き込まれそうになったらすぐに助けを求められるようにロール・プレイングを実施しておくようにする。

単元の最後には，けがをしたときの簡単な応急手当についても触れたい。種類や程度などの状況にもよるが，軽度の場合であれば保健室に行く前に流水で患部を洗うなど，できる範囲の応急手当はできるようにさせておきたい。

その一環として，けがではないが，熱中症についてもぜひとも触れておくようにしたい。

4　病気の予防

第6学年で取り扱う「病気の予防」は，配当授業時数8時間扱いで，以下の5つの内容について学習する。

　　ア　病気の起こり方
　　イ　病原体がもとになって起こる病気の予防
　　ウ　生活行動がかかわって起こる病気の予防
　　エ　喫煙，飲酒，薬物乱用と健康
　　オ　地域の様々な保健活動

【単元の目標】
　病気の予防について理解できるようにし，身近な生活において健康で安全な生活を営む資質や能力を育てる。

【学習指導要領の内容】
(3) 病気の予防について理解できるようにする。
　ア　病気は，病原体，体の抵抗力，生活行動，環境がかかわりあって起こること。
　イ　病原体が主な原因となって起こる病気の予防には，病原体が体に入るのを防ぐことや病原体に対する体の抵抗力を高めることが必要であ

ること。
ウ　生活習慣病など生活行動が主な原因となって起こる病気の予防には，栄養の偏りのない食事をとること，口腔の衛生を保つことなど，望ましい生活習慣を身に付ける必要があること。
エ　喫煙，飲酒，薬物乱用などの行為は，健康を損なう原因となること。
オ　地域では，保健にかかわる様々な活動が行われていること。

図表8-5　第6学年「病気の予防」の評価基準

	健康・安全への関心・意欲・態度	健康・安全についての思考・判断	健康・安全についての知識・理解
●評価基準に盛り込むべき項目	病気の予防について関心をもち，学習活動に意欲的に取り組もうとしている。	病気の予防について，課題の解決を目指して，知識を活用した学習活動などにより，実践的に考え，判断し，それらを表している。	病気の起こり方とその予防の方法，地域の保健活動について，課題の解決に役立つ基礎的な事項を理解している。
●評価基準の設定例	・病気の予防について，教科書や資料などを見たり，自分の生活を振り返ったりするなどの学習活動に進んで取り組もうとしている。 ・病気の予防について，課題の解決に向けての話合いや発表などの学習活動に進んで取り組もうとしている。	・病気の予防について，教科書や調べたことを基に，課題や解決の方法を見付けたり，選んだりするなどして，それらを説明している。 ・病気の予防について，学習したことを自分の生活と比べたり，関係を見付けたりするなどして，それらを説明している。	・病気の起こり方について理解したことを言ったり，書いたりしている。 ・病原体がもとになって起こる病気の予防について理解したことを言ったり，書いたりしている。 ・生活行動がかかわって起こる病気の予防について理解したことを言ったり，書いたりしている。 ・喫煙，飲酒，薬物乱用と健康について理解したことを言ったり，書いたりしている。 ・地域のさまざまな保健活動の取組について理解したことを言ったり，書いたりしている。

病気は，病原体，からだの抵抗力，生活活動，環境などが関わり合って起

こることを理解させる。そして，感染症の予防には，病原体が体に入るのを防ぐことや，病原体に対する抵抗力を高めることが必要なことを理解させる。学年は離れているが，3年生で扱った「健康な生活」を振り返らせ，現在の1日の生活の流れでは抵抗力を高めることができているか考えさせたい。

次に，すでに小学生段階で肥満と診断される児童がいるという現実を踏まえたうえで，生活習慣病を身近な問題として取り上げたい。予防としては，栄養の偏りのない食事や口腔の衛生などが考えられるので，家庭科との連携で自分の食生活を見直し，改善策を話し合う場面を設けたい。

喫煙，飲酒，薬物乱用は，法律で禁止されている。喫煙と飲酒に関しては，20歳からは認められており，保護者が喫煙と飲酒をしている場合もあるため，一概に否定をすることはできない。そこで，保健室に掲示されているような学校保健ニュースなどの拡大写真を利用し，体にどのような害があるのかを理解させ，将来自分で判断できる素地をつくりたい。一方薬物乱用に関しては，シンナー，麻薬，覚醒剤のほかに危険ドラッグについても触れ，本人とその周囲に悪影響を与えるという事実を理解させる。喫煙，飲酒，薬物乱用に関しては，誘われた場合にどのように断るかを考えさせ，ロール・プレイングを通してはっきり「No！」と言える準備をさせておきたい。

単元の最後に4年間の学習の内容を振り返り，地域や国が実施しているさまざまな保健活動に触れ，自分たちの生活の安全は多くの方々に支えられているということを理解させ，感謝の気持ちをぜひとも持たせて単元を締めくくりたい。

確認問題

1 自分自身の生活の流れを表にまとめ，生活をどのように変えたらよいか考えよう。
2 初経や精通が起こって心配している友達がいるという想定で行うロール・プレイングの授業展開を考え，1時間の指導案を完成させよう。
3 自分自身の不安や悩みの対処法をできるだけ挙げて，どんな場面で効果的なのかを表にまとめよう。

4　喫煙，飲酒，薬物乱用に関して，友達や親しい仲間から誘われたという想定で行うロール・プレイングの授業展開を考え，1時間の指導案を完成させよう。

引用文献・より深く学習するための参考文献
・新しい保健編集委員会『新しい保健 3・4 教師用指導書』東京書籍
・新しい保健編集委員会『新しい保健 5・6 教師用指導書』東京書籍
・安彦忠彦監修『小学校 学習指導要領の解説と展開 体育編』教育出版，2008年
・遠藤かおるほか『楽しくてためになってよくわかる！小学校の保健学習』健学社，2011年
・オイカワヒロコ『オイカワ流 保健学習のススメ』東山書房，2011年
・国立教育政策研究所「評価基準の作成，評価方法等の工夫改善のための参考資料（小学校）」2012年　http://www.nier.go.jp/index.html
・文部科学省『小学校学習指導要領 第4版』東京書籍，2009年
・文部科学省『小学校学習指導要領解説 体育編』東洋館出版社，2008年

第9章

体つくり運動

　運動生活の縮小により児童の体力は慢性的な低下傾向を示しているとして，この問題に対処すべく「体つくり運動」は低学年から位置づけられている。

　改訂した「小学校学習指導要領」の体育・保健体育科においては，生涯にわたる豊かなスポーツライフの実現に向け，小学校から高等学校までを見通し，発達の段階のまとまりを踏まえた指導内容の体系化を図るとともに，体力の向上を重視し，「体つくり運動」のいっそうの充実を図ることを目指している。

　1998(平成10)年告示の学習指導要領と比較すると，小学校においては「体つくり運動」が高学年に加えて第1学年から第4学年まで規定されたこと，中学校および高等学校においては，指導内容の定着がよりいっそう図られるよう「体つくり運動」の授業時数を示したことなどの改訂点が挙げられる。

キーワード

体ほぐし　多様な動きを作る運動(遊び)　体力を高める運動
気づき・調整・交流

1　体つくり運動とは

体つくり運動は，心と体の関係に気づくこと，体の調子を整えること，仲

間と交流することなどを目的として体ほぐしをしたり，体力を高めたりするために行われる運動である。

　図のとおり，「体ほぐしの運動」に対して，体力を高めるために行われる運動は，児童の発達段階に応じて，「多様な動きをつくる運動（遊び）」「体力を高める運動」が示されている。とくに低学年は，「運動遊び」として示され，児童がやさしい運動に出合い，伸び伸びと体を動かす楽しさや心地よさを味わう遊びであることを強調しながら，この時期に将来の体力の向上につながるさまざまな体の基本的な動きを培っておくことをねらいとしている。一方で，高学年における「体力を高める運動」は文字どおり，直接的に体力を高めるためにつくられた運動であり，一人ひとりの児童が体力を高めるというねらいをもって運動するところにほかの運動との基本的な違いがある。なかでも，発達段階を踏まえ，「体の柔らかさ及び巧みな動きを高めること」に重点をおいて指導することとしている。二極化や体力低下傾向による「体つくり運動」の経緯を踏まえ，児童の興味・関心を欠いた単調な動きの反復に終わることなく，明確なねらいをもっての指導はもちろんのこと，伴奏音楽などを取り入れた楽しい授業などの展開が重要になってくる。

2　体ほぐしの運動【全学年】

(1) 体ほぐしの運動のねらい

　体ほぐしの運動は，手軽な運動や律動的な運動を行い，体を動かす楽しさや心地よさを味わうことによって，自分の体の状態に気づき，体の調子を整えたり，仲間と豊かに交流したりすることができることをねらいとして行われる運動である。

　1)「心と体の変化に気付く」とは

　　・体を動かすと気持ちがよいことや，力いっぱい動くと汗が出たり心臓

の鼓動が激しくなったりすることなどに気づくことである。【低学年】
  ・体を動かすと心も弾むことや，体の力を抜くと気持ちがよいことなどに気づくことである。【中学年】
  ・運動をすると心が軽くなったり，体の力を抜くとリラックスできたりすることなど，心と体が関係し合っていることなどに気づくことである。【高学年】

2)「体の調子を整える」とは
  ・運動を通して，日常生活での身のこなしや体の調子を整えるとともに，心の状態を軽やかにすることである。【低・中学年】
  ・運動を通して，日常生活での身のこなしや体の調子を整えるとともに，心の状態を軽やかにし，ストレスを軽減したりすることである。【高学年】

3)「みんなでかかわり合う」とは
  ・誰とでも仲よく，協力したり助け合ったりし，体を動かす楽しさが増すことを体験することである。【低学年】
  ・誰とでも仲よく，協力したり助け合ったりしてさまざまな運動をすると，楽しさが増すことを体験することである。【中学年】
  ・運動を通して仲間と豊かにかかわる楽しさを体験し，さらには仲間のよさを認め合うことができることである。【高学年】

(2) 行い方の具体例

【低・中学年】「ねこ・ねずみ」 ＊いろいろなおにごっこ
  ①ねこチームとねずみチームに分かれて並ぶ。
  　「ね，ね，ね，…『ねこ』(もしくは『ねずみ』)」
  ②呼ばれたチームが追いかけてタッチする。
  ③呼ばれなかったチームは，一定の線まで逃げきる。
  　＊つかまったら相手チームに加わり，ゲームを続ける
  　＊「走の運動(遊び)」でも利用できる(151ページ参照)

【低・中・高学年】「体でジャンケン」
　全身を使ったジャンケンを行う。
　「体でジャンケン，ジャンケン，ポン」
　　＊リズムを速くして
　　＊「後勝ち（負け）」を加えて「後勝ち（負け）ジャンケン，ジャンケン，ポン」「ポン」

【低・中・高学年】「ストレッチング」
　　＊リラックスしながらペアでのストレッチング【低・中学年】
　　＊互いの体に気づき合いながらペアでのストレッチング【高学年】

【高学年】「背中で押し合って立つ」
　①2人の背中を合わせて，押し合って立つ。
　　＊腕を組む　→　組まない
　②3人組に，人数を増やして。
　③3人組で「A-B」「B-C」「C-A」「A-B-C」の順序で行う。
　　＊30秒間で何回りできるかを競争

【中・高学年】「人間知恵の輪」
　①全員(10人以上)で内側を向き，肩を寄せ合い円をつくる。
　②腕を交差し，1人先の人と手をつなぐ。
　③手を離さず，徐々にほぐしていく。
　④完全にほぐれれば成功。
　　＊奇数人数は1つの円，偶数人数は2つの円になる

3　多様な動きをつくる運動（遊び）【低・中学年】

(1) 多様な動きをつくる運動（遊び）のねらい

　多様な動きをつくる運動（遊び）は，体のバランスをとったり移動したりする動きや，用具を操作したり力試しをしたりする動きを意図的に養う運動（遊び）を通して，体の基本的な動きを総合的に身につけるとともに，それらを組

み合わせた動き【中学年】を身につけることをねらいとして行う運動である。
多様な動きをつくる運動(遊び)は次のような運動(遊び)で構成される。

　　(ア)体のバランスをとる運動(遊び)
　　(イ)体を移動する運動(遊び)
　　(ウ)用具を操作する運動(遊び)
　　(エ)力試しの運動(遊び)
　　(オ)基本的な動きを組み合わせる運動【中学年】

(2) 運動(遊び)の具体例
(ア)バランスをとる運動(遊び)【低・中学年】
　姿勢や方向を変えて，回る，寝ころぶ，起きる，座る，立つなどの動きやバランスを保つ動きで構成される運動(遊び)を通して，できるだけ多様な姿勢や課題で，アンバランス感を経験させたい。
【低・中学年】「ダルマさんがころんだ」
　　①合わせた足裏を両手で握る。
　　②お尻を支点にして，いろいろな方向にころがる。【低学年】
　　③うまくタイミングをつかんで起き上がる。【中学年】
【低・中学年】「ケンケン列車」
　　①前の人の足を持つ。
　　②リズムを合わせてケンケンする。
　　③人数を2人，3人と，少しずつ増やしていく。
　　④折り返しリレーゲームで楽しむ。

(イ)体を移動する運動(遊び)【低・中学年】
　速さ・リズム・方向などを変えて，這う，歩く，走る，跳ぶ，はねるなどの動きで構成される運動(遊び)や無理のない一定の速さでのかけ足などを通して，各種運動の基礎になる動きを身につけさせたい。
【低・中学年】「新聞(テープ)走」

①新聞紙を体に当てながら，落とさずに走る。【低学年】
②3〜5メートルほどに切ったポリエチレンテープを持ってひきずらずに走る。【中学年】
③テープの長さを変えて全力疾走をする。

【低・中学年】「ホップ・リープ・ジャンプ」
①思い思いの跳び方で川跳び。【低学年】
②ホッピング…踏み切り足で着地。【中学年】
③リーピング…踏み切りと逆足で着地。【中学年】
④ジャンピング…片足踏み切りから両足着地。【中学年】
⑤組み合わせや距離を広げて跳ぶ(リズム)。【中学年】

ホッピング　　　　リーピング　　　　ジャンピング

(ウ)用具を操作する運動(遊び)【低・中学年】

　用具をつかむ，持つ，降ろす，回す，転がす，くぐる，運ぶ，投げる，捕る，跳ぶ，用具に乗るなどの動きで構成される運動(遊び)を通して，将来学習する基礎技能(技術を使いこなすための体力や能力)につなげる。

【低・中学年】「ボール回し，投げ上げ」
①腰や頭，腿の周りでボールを回す。【低学年】
　＊片手で，反対回り【中学年】
②上に投げ上げたボールを捕る。
　＊両手で，片手で，投げたあと手を叩いたり，床を触ったり

【低・中学年】「ボール運び」
①さまざまな部位でボールを1人で運ぶ。
　＊両膝や，両足首ではさんで，背中にのせて
②仲間と協力してボールを運ぶ。

＊背中同士，腹同士，縦につながって
【低・中学年】「輪を回す，輪を転がす，輪をくぐる」

　①輪をコマのように回し，周りを走る。
　②腰，手，足などの部位で輪を回す。
　③輪を転がす。距離や方向を競争する。
　④立てた輪を倒れる前にくぐる。
　⑤動かした輪をくぐる。
　⑥輪のキャッチボールをする。

　（エ）力試しの運動（遊び）【低・中学年】
　人を押す，引く，運ぶ，支えるなどしたり，力比べをしたりするなどの動きで構成される運動（遊び）を通して，精いっぱいの力を使って多様な運動に繰り返し取り組ませ，結果として体力向上につなげたい。
【低・中学年】「押しずもう，ケンケンずもう」
　①直径3メートル程度の円内から，相手を押し出す。
　②ケンケンずもうをする。
　　＊押し出すか，足をつかせる
【低・中学年】「引き合い遊び」
　①手をつないで自分の陣地まで引っ張る。
　②ロープを引いたり，ゆるめたりして相手のバランスを崩す。
【低・中学年】「体を支える運動」
　①手押し車…腰と膝を伸ばして腕支持
　　＊歩く，距離を伸ばす
　②時計
　　＊腰と膝を伸ばした腕立て伏臥で，足を支点に回る
　③クマ走り
　　＊手足を使い，腰上げ姿勢で移動
　④あざらし（イラスト参照）
　　＊かかととかかとをつけて体をしめ，腕の力
　　　で移動

⑤壁登り逆立ち
＊片手を放して，友達とジャンケン

（オ）基本的な動きを組み合わせる運動【中学年】
　バランスをとりながら移動する，用具を操作しながら移動するなど2つ以上の動きを同時に行ったり，連続して行ったりする運動を通して，基本的な動きを組み合わせた動きを身につけることができるようにする。脳・神経系の発達時期に合わせた取り組みにより，動きの質が高まったり，動きのこつがつかみやすくなったりと，楽しいなかにも基本的な動きを幅広く身につけさせたい。

【中学年】「手足の動きの組み合わせ」
①手，足を同時に開いたり閉じたりする。
②手，足を逆に開いたり閉じたりする。
③①②を合図ですぐに入れ替えて続けて行う。
④手は3拍子，足は2拍子のリズムで組み合わせて行う。
＊手…「上」「横」「下」
＊足…「開く」「閉じる」

【中学年】「バランスをとりながら移動する動きの組み合わせ」
①手で体操棒のバランスをとりながら歩く。
＊体操棒でバランスをとりながら平均台の上を歩く
②両肩にボールを担いで平均台を渡る。
＊平均台を歩きながらボールをキャッチ
＊ボールを床にドリブルしながら平均台を渡る

4　体力を高める運動【高学年】

（1）体力を高める運動のねらい

　体力を高める運動は，「多様な動きをつくる運動遊び（低学年）」や「多様な動きをつくる運動（中学年）」で身につけた動きや動きの組み合わせをもとに，体力の必要性や体力を高めるための運動の行い方を理解し，自己の体力に応

じて体力つくりが実践できることをねらいとするものである。
　体力を高める運動は，体力の向上を直接のねらいとして行われる運動であり，次のような運動で構成される。

　　（ア）体の柔らかさおよび巧みな動きを高めるための運動
　　（イ）力強い動きおよび動きを持続する能力を高めるための運動

　とくに，高学年児童の発達段階を考慮し，体の柔らかさや巧みな動きを高めるための運動に重点を置いて指導する。

（2）運動の具体例
（ア）体の柔らかさおよび巧みな動きを高めるための運動

　「体の柔らかさ」は，体の各部位の可動範囲を広げることを，「巧みな動き」は，人や物の動きに対応してタイミング，バランス，リズムよく動くことや力を調整して動くことができる能力を高めることをねらいとする。

【高学年】「ボール渡し」　＊体の柔らかさ
　　①2人組でボール1つ。
　　②背中越しにボールを受け渡す。
　　　＊横，頭上，股下から
　　③距離を離して行う。

【高学年】「開脚座ボール回し」
　　＊体の柔らかさ，巧みな動き
　　①開脚で座りボール1つ。
　　②体の周りを転がして1周。
　　　＊右回り，左回り
　　③ドリブルしながら1周。

【高学年】「長なわとびの例」　＊巧みな動き
　　①「かぶり跳び」　　＊上から回ってきた縄を跳ぶ（通常の跳び方）
　　②「むかえ跳び」　　＊下から縄を迎えて跳ぶ（波）
　　③「向かい合っての2人跳び」

＊縄の両側から２人が入る

＊向きによりかぶり・むかえ跳びは異なる

＊向かい合って同時に跳び抜ける

④「十字跳び」

＊４人で２本の縄を十字に回す

＊縄を増やし，６人で３本，８人で４本，……

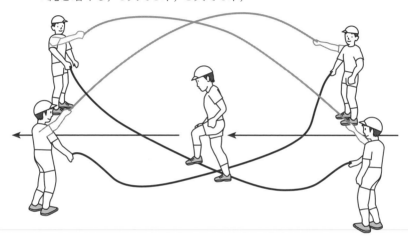

⑤「Ｓ字跳び」

＊１本の縄をＳ字の形に回して跳ぶ

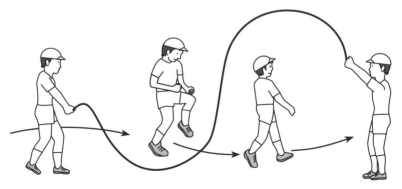

(イ)力強い動きおよび動きを持続する能力を高めるための運動

「力強い動き」は，人や物の重さを利用して力強い動きを高めることを，「持続する能力」は，1つもしくは複数の運動を組み合わせて一定時間連続したり一定回数を反復したりして，動きを持続する能力を高めることをねらいとする。

【高学年】「ステッピング」＊動きを持続する能力
　　①踏み台を利用して，上がったり下りたりする。
　　②音楽に合わせ，1曲分運動を続ける。
　　③脈拍を測り，運動強度と自分の体を振り返る。
　　④運動強度を工夫する。
　　　＊ステップの踏み方を変える
　　　＊曲を変え，テンポを変える
　　　＊踏み台の高さを変える

【高学年】「アドベンチャー走」＊動きを持続する運動
　　①運動場内の固定施設や地形に番号を付ける。
　　　＊鉄棒，ジャングルジム，砂場，ゴールなど
　　②各自が番号の順番を決めて走る。
　　　＊略図を配布し，コース設定
　　　＊5〜6分程度
　　　＊自分の目標ペース設定が重要

【高学年】「人や物の重さを用いた運動例」＊力強い動き
　　①「3人組で互いに持ち上げる(棒)」
　　　＊1人が棒にぶら下がる
　　　＊2人で棒を支える
　　②「登り棒(登り綱，雲梯)」
　　　＊ぶら下がる
　　　＊登ったり下りたりする
　　　＊高さの目印を目標にして
　　　＊足を使わないで腕だけで

5 指導法の展開

（1）指導のポイント

【体ほぐしの運動】 ＊欲求充足の運動

　　子ども：手軽な運動や律動的な運動に取り組み，運動の楽しさや心地よさを味わい「（自分の体に）気づく」「整える」「かかわる」というねらいを達成する。

　　指導者：手軽な運動や律動的な運動を提示し，経験させることで「気づき」「調整」「交流」のねらいを達成させる。

　意図的・計画的に運動を組み合わせ，教師主導でいろいろな運動を経験させる。運動を通して，体ほぐしの運動のねらいを達成できるよう，指導者は積極的に声をかけたり子どもと一緒に動いたりする。取りあげる運動によっては，人数に変化を加えたり，用具を工夫したりして運動の楽しさを膨らませていく（子どもの発案を取りあげてもよい）。

　また，1単位時間の中で動的な運動と静的な運動を組み合わせることも効果的である。

【多様な動きをつくる運動（遊び）】 ＊欲求充足の運動

　　子ども：いろいろな要素で構成されている運動（遊び）を経験することで運動の楽しさを味わいながら，基本的な体の動きを身につけていく。

　　指導者：子どもに身につけさせたい動きを明確にして，運動（遊び）を取りあげ，経験させることで，基本的な動きを身につけることができるようにする。

　子どもに身につけさせたい動き（1単位時間で）を明確にして，運動（遊び）を取りあげ，意図的・計画的に経験できるようにする。子どもが運動そのものの楽しさを感じることができるよう，運動（遊び）を工夫したり，発展させたりする。指導者は，それぞれの運動（遊び）を通して身につける能力を明らかにして的確な指導と評価，適時的なフィードバックを心がける。1単位時間の中で違う2つの要素をもつ運動（遊び）を取りあげると，単調な動きの連続とならず，意欲の継続が図られる。

【体力を高める運動】 ＊必要充足の運動
　　　子ども：自分が高めたい体力につながる運動を選択し（必要感），運動に取り組むことで体力の向上につなげていく。
　　　指導者：子どもが必要感をもって運動に取り組むことができるようにする。また，自己の体力の高まりを実感できるような効果的な手立てを提示する。
　新体力テストの結果などを活用して，自己の体力に関心をもたせる。それぞれの運動がどの体力の高まりにつながるのか，運動を通してどのような体力が高まるのかを子どもに明らかにして取り組ませる。それぞれの運動を正確に行うことが，体力の高まりにつながることも伝えていく。指導者は，子どもが正しい動きで運動に取り組めるような指導と評価を心がける。

(2) 現場の声

❖「他領域との境目についてどのように考えたらよいのですか」
　同じ運動（遊び）を取りあげたとしても，その運動（遊び）を通して身につける力（学習のねらい）が基本的に違うことが境目である。こうした指導内容の違いは子どもの課題のもち方の違いにつながるので，指導者は指導内容を明確にして指導にあたることが重要である。たとえば，「【低学年】多様な動きをつくる運動遊び」では，「這う・歩く・走る・跳ぶ・はねる」などの動きで速さ・リズム・方向を変えて移動することが運動遊びのねらいとなり，一方で，「【低学年】走・跳の運動遊び」では，走ったり跳んだりする動き，そのものの面白さ・心地よさを実感させてあげること，競走（争）することの楽しさを味わわせてあげることがねらいとなる。

❖「高学年『体力を高める運動』の『体力の向上を直接のねらいとする』とは？」
　「一人一人の児童が体力を高めるためのねらいをもって運動するところにほかの運動との基本的な違いがある」と学習指導要領解説体育編にあるように，小学校体育科学習のなかで唯一体力の向上を直接的にねらっている。高学年段階での体力づくりは体育授業時数だけでは十分な効果を期待できないため，家庭や地域との連携を図りながら長期間かけて行われることになり，合理的な実践や体力向上の時間を通して，継続への意欲を培うことが重要である。

確認問題

1 「体つくり運動」の内容構成について、概要を説明しよう。
2 「体ほぐしの運動」のねらいを説明し、行い方の具体例を挙げよう。
3 低・中学年の「多様な動きをつくる運動（遊び）」と高学年の「体力を高める運動」のねらいの違いについて説明しよう。
4 高学年の「体力を高める運動」において、直接的な体力向上を行うには学校体育科の時数では十分ではない。そのためにあなたは、どのような方略を練るか。考えを説明しよう。

引用文献・より深く学習するための参考文献
・高橋健夫編著「新学習指導要領準拠　新しい体つくり運動の授業づくり」『体育科教育別冊23』大修館書店，2009年
・文部科学省「小学校学習指導要領」(2008年3月告示)
・文部科学省「小学校学習指導要領解説　体育編」(2008年8月)
・文部科学省「多様な動きをつくる運動（遊び）パンフレット」
・文部科学省「小学校体育（運動領域）まるわかりハンドブック」
・文部科学省「学校体育実技指導資料第7集『体つくり運動』(改訂版)」(2012年)
・横浜市教育委員会『横浜版学習指導要領　体育科　保健体育科編』ぎょうせい，2012年
・横浜市立小学校体育研究会「はまっこ体育」
・横浜市立小学校体育研究会『体育読本』

第10章

器械運動

　器械運動の動きには，転がる，ぶら下がる，跳び越すなどふだんの生活場面では行わない身体動作が多く含まれている。これらの動きは各種のスポーツを実施するための潜在的な身体能力として必要とされるものである。

　器械運動は，できなかった技を克服し，できるようになった達成感や成就感などを味わえる運動であり，人間性を高めるために役立つ運動でもある。また安全教育の一翼も担い，不意な転倒や事故時にけがの少ない手の突き方や転び方などができるように器械運動のなかで十分に習得させる必要がある。

キーワード
　基本的運動技能　器械・器具を使っての運動遊び　マット運動
　鉄棒運動　跳び箱運動

1　基本の動き

　私たちは日常生活や運動場面で，さまざまな動作を組み合わせながら暮らしている。たとえば「歩く・走る・這う・よじ登る・ぶら下がる・跳ぶ・投げる・捕らえる・押す・引く・つく・蹴る・ものの操作」などがあり，これらを「基本的運動技能」とし複数の動きを組み合わせながら生活や運動を行っている。

　前橋明（2004年）は基本動作を「平衡系，移動系，操作系」の3つに分類し，

運動発達段階を初歩的運動の段階（0～2歳）と基本的運動能力の段階（2～7歳）に分けている[1]。初歩的運動の段階では，初歩的・基礎的運動技能を19の動作に，基本的運動の段階では，基本的運動技能を38の動作にまとめている。

図表10-1　運動発達段階と運動技能

運動発達段階と運動技能 分類（カテゴリー）	初歩的運動の段階（0-2歳） 初歩的・基礎的運動能力	基本的運動能力の段階（2-7歳） 基本的運動技能
平衡系の動作	頭・首のコントロール，腕で支える 転がる（寝返り）， 座る，かがむ，立つ，立ち上がる	**回る，転がる，片足で立つ** **バランス立ちをする，ぶら下がる** **乗る，渡る，逆立ちをする**
移動系の動作	腹を地につけて這う 四つん足で這う，這い上がる 歩く，登る，降りる	**走る，止まる，リープ，スキップ** **ホップ，ギャロップ，跳ぶ** **跳び上がり・降り，よじ登る** **跳びつく，跳び越える，またぎ跳ぶ** **くぐる，かわす，滑る，泳ぐ**
操作系の動作	手を伸ばす，つかむ，つまむ はなす，ほうる	**投げる，蹴る，打つ，つく（まりつき）** **たたく，捕まえる，受ける，運ぶ** **担ぐ，下ろす，押す，引く，漕ぐ**

出所）前橋明（2004）『0～5歳児の運動あそび指導百科』ひかりのくに，太字部分は筆者修正

とくに低学年で行われる器械・器具を使っての運動遊びにおいて，技能としては表中の22の基本的運動技能（太字）を習得することが望ましく，その技能習得のうえに中学年以降の器械運動が展開されていく。基本的運動技能が未習得のまま学年が進行してしまうと器械運動に求められる技能（技）に支障をきたす結果になり，器械運動嫌いや苦手意識を生んでしまうと考えられる。

児童期において器械・器具を使っての運動遊びが器械運動の基礎としてもっとも重要であり，その量と質の確保のために指導者の創意工夫が必要である。

2　器械・器具を使っての運動遊び

器械・器具を使っての運動遊びは，固定施設遊び（ジャングルジム，雲梯，肋木，登り棒・綱），マット遊び，鉄棒遊び，跳び箱遊び，平均台遊びがあり，領域的には4年生からの器械運動へと発展していく。

上記の固定施設遊びなどは，低・中学年の子どもにとっては基礎的な感覚

や技能を身につける大切な運動であり，また運動欲求の充足による楽しさを十分に味わわせることも重要である。技能としては，以下の運動を楽しく行い，その動きができるようにすることが求められている。

(1) 固定施設を使った運動遊び

ア　固定施設を使った運動遊びでは，登り下りや懸垂移行，渡り歩きや跳び下りをすることである。ジャングルジムや雲梯，登り棒，肋木，平均台などでいろいろな登り下りや懸垂移行，渡り歩きや跳び下りをして遊んだり，逆さ姿勢などをとって遊ぶことが重要である。

　例：ジャングルジム・肋木で遊ぶ

【ジャングルジム】　　　　　　　　　　　【肋木】

いろいろなところをくぐりぬけたり，よじ登ったりする

肋木を手でしっかり掴み，足を掛けながら登る

くぐったり，またいだりしながらいろいろな体勢をとる

【肋木】

逆さの体勢

指を開いて着手し，両手・両足を交互に動かして肋木に体を近付ける

逆立ちの完成。下りるときはゆっくりと両手・両足を動かして下りる

例：雲梯・登り棒で遊ぶ

【雲梯】

体を反らせ戻したりしながら，脚の振りや反動を使う

振りに合わせて前に進む

【登り棒】

片手・片足を交互に動かして登る

両手でしっかり握り，両足は突っ張るようにして体勢を維持する

(2) マットを使った運動遊び

　イ　マットを使った運動遊びでは，いろいろな方向へ転がり，手で支えての体の保持や回転することである。マットに背中や腹などをつけていろいろな方向へ転がって遊んだり，手や背中で支持して逆立ちなどをして遊んだりすることである。

例：動物歩き

【ウマ】　　　　　　　　　　　　　　　　　　【アザラシ】

腰を伸ばして両手を突いて歩く　　手足を一緒に動かして歩く　　手を交互に動かし，両足を引きずるように歩く。かかととかかとをつけるように注意させる

【ウサギ】

指先を開いて着手すると，しっかりと体重が支えられる　　頭を起こす。両足で蹴って体を浮かす　　しゃがみ姿勢に戻る。この後，手が前に出るとよい

【カエル】

　　　　　　　　　　　　　　　頭を起こし，ウサギよりも腰を高く上げる　　手・肩の延長上に腰が乗るようにする

【横転がり】

両手・両足を伸ばす

体を緊張させ，1本の棒のようになる

【ブリッジ】

手と足の間隔を狭くしておく

両手・両足にも力を加えながらお腹を上げていく

両手・両足をできるだけ伸ばして完成

【ゆりかご】

ひざを抱え背中を丸める

ゆっくりと後ろへ体重をかけていく

あごを引き，ボールのようになる

逆さの感覚を楽しむ

ひざを抱えたままで，揺り返して戻る

(3) 鉄棒を使った運動遊び

　ウ　鉄棒を使った運動遊びでは，支持しての上がり下り，ぶら下がりや易しい回転をすること。鉄棒を使って，跳び上がりや跳び下りをして遊んだり，ぶら下がりや回転などをして遊んだりすることである。

　　例：鉄棒遊び

　さまざまな鉄棒遊びを通して，次ページの鉄棒の握り方も体得させておくことで本格的な鉄棒運動に移行しやすくなる。

【ゆらゆら】		【豚の丸焼き】

両手でしっかりと鉄棒を握る	脚を曲げたり，伸ばしたりしながら体を振る	逆さ姿勢を楽しむ

いろいろな鉄棒のにぎり方をさせる

さる手　　　　順手　　　　逆手　　　　片逆手

（親指をかけない）

（4）跳び箱を使った運動遊び

　エ　跳び箱を使った運動遊びでは，跳び乗りや跳び下り，手を突いてのまたぎ乗りや跳び下りをすることである。跳び箱を使って跳び乗りや跳び下りをして遊んだり，馬跳びやタイヤ跳びをして遊んだりすることである。

　　例：タイヤ跳び

タイヤを利用した競走

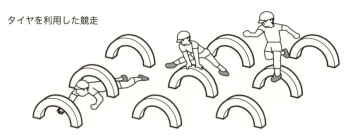

　　トンネルくぐり　　　タイヤ跳び越し　　タイヤまたぎ越し

出所）宇土正彦(1995年)，p.226[2)]

1) またぎこし

横向きに置いた1〜2段の跳び箱をまたぐように跳び越える。片足で踏み切り両足か片足で着地。助走からリズムよく踏み切り，安定した着地ができるようにする。

またぎこし

片足踏み切り

2) ふみこし

横向きに置いた2〜3段の跳び箱を片足で踏み越し着地する。「またぎこし」よりも跳び箱が高くなった分，助走で十分にスピードを上げ，スピードを保ったまま一気に踏み越すことがポイント。

ふみこし　　手でもバランスをとる

ひざを柔らかく曲げて着地する

片足で強く踏み切る　　片足でジャンプ

3) とびのり・とびおり

さらに高くして縦向きに置いた跳び箱を両手，両足を使って跳び乗り（とびのり），続いて跳び下り，両足をそろえて着地する（とびおり）。ひざを深く曲げることで重力負荷を吸収し，柔らかく着地することがポイント。

出所）吉澤潤ほか（2008年）3)

3　器械運動

　器械運動は，マット，鉄棒，跳び箱などの器械を使い，目標の技に挑戦しながら「できる」ようになる楽しさを味わう運動である。

　器械運動で学習する技は，日常生活では経験することが少ない運動を中心に行われ，回転する・バランスをとる・手で体を支えながら跳び越す・ぶら下がるなどがあり，非日常的で巧緻性やコーディネーション能力が養われるのが特徴ともいえるのである。

　これまでの研究によって6〜12歳頃までの時期，つまり児童期において運動学習に関する神経系や知覚の発達が著しいことが明らかにされている。

　たとえばマット運動や跳び箱運動をするときなどには，動きの全体をイメージしながら，リズムやタイミングを把握する能力やバランスや空中姿勢などを保つ能力なども必要である。これらの神経系の能力がコーディネーション能力であり，体を自分の思うように巧みに操る＝巧緻性ともいえるのである。

(1) マット運動の指導ステップ

例：開脚後転

1) ひざを伸ばしたゆりかご

2) ロイター板の坂を使った開脚後転

3) 段差を利用した開脚後転

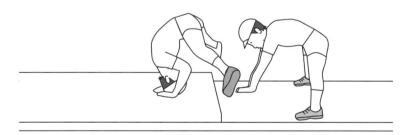

出所）髙橋健夫ほか（2009年）[4]

例：伸膝後転

1) ロイター板で坂を使った伸膝後転

両手でしっかり押す

2) 伸膝からひざを曲げた後転

前傾して
両手を置く

3) 開脚後転で足の開きを狭めていく

しっかりした両手の押しがポイント

4）足の着地位置を手に近づけていく

出所）髙橋ほか（2008年）[4]

（2）鉄棒の指導ステップや解決ポイント

例：逆上がり

【逆上がり】

脇をしめておく

鉄棒を引き寄せるようにする

脚を勢いよく振り上げる

お腹と鉄棒がくっ付くようにする

両脚を揃える

鉄棒に巻き付く

頭を起こして手で支える

【補助具・補助者の利用】

・跳び箱を利用する

・跳び箱と踏み切り板を利用する

・逆上がり補助器を利用する

- ・補助者が介助する
- ・児童同士で2人組で行う

【つまずき例と解決ポイント】
- ・踏み切り位置が遠い　→　鉄棒の少し手前で踏み込むようにする
- ・脇が開く　→　脇をしっかりしめるようにする
- ・頭が後ろに回転しない　→　足で蹴ってから頭を後方に倒すようにする
- ・踏み切り足が上がらない　→　後方に足を振り上げると同時に反対の足で力強く蹴るようにする

(3) 跳び箱のつまずきと解決ポイント

例：開脚跳び

【つまずき例1】跳び箱を跳び越えられず乗ってしまう。

【解決ポイント】

腕の突き放しが重要！　突き放す練習を繰り返すこと。

【つまずき例2】踏み切りがうまくできない。

【解決ポイント】

助走距離を短くして、タイミングを合わせる練習を反復する。踏み切り板に目印を付け、両足をそろえる練習をする。

【つまずき例3】着手が交互になってしまう。

【解決ポイント】

着手位置にチョークやテープなどで目印を付ける。着手位置は手前からはじめて徐々に正しい位置に移動させる。

＊跳び箱自体にぶつかる恐怖心を持っている子どももいるため、踏み切り板と跳び箱の間にマットやクッションを入れるとよい。余裕があれば中間色でもっとも刺激の少ない緑色のものを推奨。心身のバランスを整え、リラックスさせる効果があり安心感が得られやすい[5]。

例：台上前転

【つまずき例1】途中で止まってしまう。

【解決ポイント】

両足でしっかり踏み切り板を蹴らせて、腰を肩の高さくらいまで上げさせる練習を反復する。

【つまずき例2】頭頂部を着けてしまう。

【解決ポイント】

しっかりと顎を引いて後頭部から前転するようにする。跳び箱の横にマットを敷き、恐怖心を取り除くことも重要！

【つまずき例3】体が開いてしまう。

【解決ポイント】

踏み切り位置が遠いと腰が肩の高さまで上がらずに体が開いてしまう。踏み切り板に目印を付けて反復練習をする。

出所）髙橋ほか（2009年）[5]

4　指導法の展開

(1) 指導のポイント

【低学年：器械・器具を使っての運動遊び】

「器械・器具を使っての運動遊び」は,「固定施設を使った運動遊び」「マットを使った運動遊び」「鉄棒を使った運動遊び」「跳び箱を使った運動遊び」で内容を構成している。低学年においては,これらの運動を「運動遊び」として示す。子どもから湧き出る運動欲求に基づき,簡単でいろいろな動きに楽しく取り組みながら,自分の力にふさわしい動きを身につけたときに喜びを味わうことのできる運動である。言い換えれば,教師にとっては意図的に設定した場だが,子どもにとっては遊びの場であり,知らず知らずのうちに子どもの動きが増えたり達成されたりしている状況が生まれるようになる。現場の教師が「子どもの動きを『場』で追い込む」と言う意味もここにある。また,意図的な場の設定には十分な教材研究が必要不可欠である。器械運動につながる動きやこつの理解をはじめ,その動きを自然に引き出す場の設定など,教師自身がその運動をできるかできないかは問題ではなく,こうした子ども目線で単元を構想していくことが大切である。

【中・高学年：器械運動】
「器械運動」は,中・高学年ともに「マット運動」「鉄棒運動」「跳び箱運動」で内容を構成している。中・高学年においては「動き」を「技」と示しており,その技を身につけたり,新しい技に挑戦したりするときに,楽しさや喜びを味わうことのできる運動である。低学年での運動欲求に基づく「楽しく行う」とは異なり,児童自らが個に応じた課題をもって取り組むなかで,より雄大で美しい動きができるようになったりすることで生まれる,成就感に基づく「楽しさや喜び」がある。言い換えれば,「楽しさの質」における低学年と中・高学年の違いを十分に理解して教師は指導に当たる必要がある。

(2) 現場の声
✣「場や用具の安全に気を配る」などの「態度」面の指導も忘れずに！
「小学校学習指導要領解説　体育編」に,「技能」「態度」「思考・判断」が明記されている。豊かなスポーツライフの実現を目指す体育科にとって,体力の向上だけではなく,教科体育としての学力をきちんと子どもに身につけさせることが大切である。そうした意味でも,「あなたの授業でどんな力を培うことができましたか」「態度面の指導は行いましたか」と問われたときに,指

導者として,「いつ，どこで，どのように」指導を行ったかを言えるようにしなければならない。逆に言えば，単元構想の段階で指導内容を明確にし，その位置付けが重要となる。たとえば,「態度」における内容に,「場や器械・器具の安全に気を付けたり……」とある。具体的には，段数番号が跳ぶ人に見えるように跳び箱を並べたり，マットや跳び箱の運び方を指導したりすることも忘れてはならない。ついつい技能面に目が向きがちではあるが，評価する立場にある指導者が，指導なくして児童を評価することのないようにしなければならない。「技能」「態度」「思考・判断」をバランスよく指導して学力を身につけさせたいものである。

❖「技のこつ」をわかりやすく伝える

「前転のとき，膝を伸ばすようにさせたいのですが……」「かかえ込み跳びで，安定した着地をさせたいのですが……」など，たとえ教師がその技を知っていても具体的に指導をする場面で困惑する指導者は多い。たとえば，マット運動において基本的な回転技である前転を少し発展させて伸膝経過前転を行うとする。その際，回転の途中，子どもの膝を伸ばすためには教師はどうしたらよいのだろうか。単に「膝を伸ばしなさい」と指摘しても，子ども自身は精いっぱい力を入れているもののなかなか膝は伸びてこない。これは動きを知っていても体の動かし方，言い換えれば「こつ」がわからない状況である可能性も考えられる。「足の親指に力を入れて（グーにするように）膝を伸ばしてごらん」など，「こつ」をより具体的に伝えられると，子どもの膝はみるみる伸びてくる。また，苦手な子ほど賞賛を求めていたり，一斉指導では85％の心に届かなかった指導が，意図的に名前を呼ぶだけで90％の心に残ると言われたりするほど，教師の指導の仕方によって劇的に子どもの動きは変容する。教師の引き出しは経験値的な側面もあろうが，ぜひ自ら「こつ」を摑み取ってほしい。さあ，教師として，かかえ込み跳びにおける安定した着地をする「こつ」や技に関連したやさしい動きをイメージしてみてほしい。これが現場である。

確認問題

1　器械運動の特性についてまとめよう。
2　基本的運動技能についてまとめよう。
3　器械・器具を使っての運動遊びの必要性についてまとめよう。

引用文献
1) 前橋明『0〜5歳児の運動あそび指導百科』ひかりのくに，2004年
2) 宇土正彦監修『学校体育授業事典』大修館書店，1995年，pp.224-225
3) 吉澤潤ほか『とび箱の指導』小学館，2008年
4) 髙橋健夫ほか「新学習指導要領準拠　新しいマット運動の授業づくり」『体育科教育別冊』第56巻第12号，大修館書店，2008年
5) 髙橋健夫ほか「新学習指導要領準拠　新しい跳び箱運動の授業づくり」『体育科教育別冊』第57巻第3号，大修館書店，2009年

より深く学習するための参考文献
・東根明人監修『子どものつまずきがみるみる解決するコーディネーション運動　器械運動編』明治図書出版，2007年
・白石豊・川本和久・吉田貴史『新版　どの子ものびる運動神経　小学生編』かもがわ出版，2013年
・髙橋健夫ほか「新学習指導要領準拠　新しい鉄棒運動の授業づくり」『体育科教育別冊』第57巻第7号，大修館書店，2009年
・浜田靖一『ろくぼく体操』ベースボール・マガジン社，1992年
・文部科学省『小学校学習指導要領解説　体育編』東洋館出版社，2008年

第11章

走・跳の運動（遊び）

　走る，跳ぶ，投げるという基本的な運動はさまざまなスポーツ種目の基礎となるものである。低学年時には「走る，跳ぶ」ことの基本として，仲間と競い合う楽しさや，調子よく走ったり跳んだりする運動を楽しめる内容を中心に授業を展開することが求められる。運動することの楽しさを味わうことで，より積極的な取り組みができるようになり，夢中になって体を動かしたことによって体力が向上し，将来へとつながるような基本的な運動能力が育まれることが重要である。

キーワード

安定した姿勢　踏みつけ動作　リズミカルな走り　踏切動作　着地動作

1　基本の動き

(1) 走運動の基本となるよい姿勢について

　上半身を安定させて，ふらつかない状態を保つようにする。目線の位置を目標に向けること，背筋を伸ばすこと，呼吸を整えることなどは姿勢を整えるために効果的である。さらに，よい姿勢を維持した状態で足の裏側のどの部分に体重をのせると力が伝わりやすいかを，その場跳びを行うことで確かめてみる。

　1.つま先でジャンプ，2.かかとでジャンプ，3.母指球を中心とした前足部

でジャンプ。通常は3.の母指球付近を中心とした前足部でのジャンプが跳びやすく、走るときにも同様の部分での接地が短距離走ではとくに重要となる。そのため、この足裏の感覚は走り方を習得するうえで基礎となるものである。

①足踏み

よい姿勢を保ち、足の裏の感覚を確かめながら足踏みを行う。よい姿勢のときに確認した力の伝わる足底部での踏みつけ動作を強調し、支持脚があまり曲がらないように気をつける。腕振りは走るフォームをイメージしながら行い、横に振り過ぎないようにする。

②その場かけあし

①の足踏みから、徐々にピッチを上げてその場でのかけあしへと移行する。ここでは大腿を上げること（腿あげ）を強調するのではなく、すばやく踏みつけることを意識するようにする。腕は肘を軽く曲げ、脚の素早い動きを引き出すリズミカルな腕振りを心がける。また、上半身が後傾しないように気をつける。

③その場かけあしから走り出す

②の「その場でのかけあし」を8回ほど行った後で、上半身を少しずつ前に傾けながら自然なタイミングで走り出す。走り出したときにも足の裏で地面を踏みつける感覚を持ち続ける。

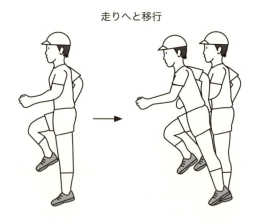

走りへと移行

④連続した走りへ

　走るフォームに関してのおもな留意点は以下のとおりであるが，1つの型に当てはめるような指導は望ましくない。一人ひとりの特徴を生かしながら，気持ちよく走れるように自分の身体運動感覚を養いながら，無理のない動きで走ることが大切である。また，動きを身につけるためには全力走ではなく，動きを調節できるレベルのスピードで走ることで自分にあったフォームを身につけることができる。

【走り方のポイント】
①腕を極端に横に振らないように気をつける。
②素早く脚を動かすこと，素早く踏みつける動きを大切にする。
③支持脚の膝があまり深く曲がらないようにする。
④上半身が後傾し過ぎないように目線を目標物や前方10～20メートルの地面に向けるようにする。

走り方のポイント

2　走の運動(遊び)

(1) かけっこ・リレー

　基本的な運動である走運動(かけっこ)との出合いの時期には，子どもたちが「陸上運動は楽しいもの」と思えるように運動内容を工夫して授業を展開する。変化に富んだスタートやコースでの走運動，仲間との競争・協働場面を含んだ陸上運動的なゲーム(遊び)を行うことで，子どもたちは夢中になっ

て運動に取り組むことができる。その結果，いろいろな運動の基礎となるさまざまな能力を身につけたり，向上させたりすることができるようになる。

1) ボールを追いかけてダッシュ
①バウンドボールを追いかける
　教師が力強くバウンドさせたボールを子どもがダッシュしてとりに行く。スタートはボールが地面についてからとし，1～2バウンド以内でキャッチできたらよいという設定にする。ボールをバウンドさせる前にスタートしないこととして，素早い反応ができるようにする。
②転がるボールを追いかけてダッシュ
　ボウリングの要領で教師が転がしたボールを追いかけてキャッチする。前傾姿勢での走り方や，走りながらボールをキャッチすることでバランス感覚を養う。
③弾んだボールをダッシュしてキャッチ
　5～20メートル程度先に立っている教師がその場でボールを高く弾ませる。スタートラインから生徒はバウンドを合図にダッシュして，ボールが地面につく前にキャッチする。子どもの走力に応じてバウンドさせる場所の調節や，バウンドの高さを調節することで走る距離（スピード）を調整できる。徐々にスタートラインから遠くすることで難易度を変える。

2) いろいろなコースを走る
　さまざまな変化を持たせたコースを，身体を傾けたり，スピードの上げ下げをしたりすることで身体感覚を養う。また，コース幅からはみ出ないようにして，できるだけ速く走ることを

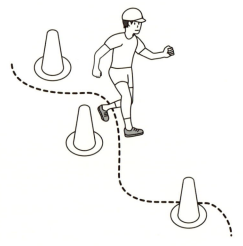

コーンを置いたくねくねコースを走る

ゲーム感覚で楽しむことも，子どもが走ることを楽しめる工夫となる。

3）ゲーム・リレー
①ネコとネズミ（追いかけっこ）
言葉（合図）に反応して，素早くダッシュする。瞬発力，スピードに加えて正確にスタートの合図に反応する状況判断力を養うことができる。

【方法・ルール】
ⅰ）2人組をつくり，中央線をはさんで並ぶ。
ⅱ）2人組をそれぞれ「ネズミ」チームと「ネコ」チームとして向かい合わせる。
ⅲ）教師がスタートの合図として「ネコ」または「ネズミ」と大声でどちらかを告げ，呼ばれたチームは相手を15～20メートル先のフィニッシュラインまで追いかける。
ⅳ）フィニッシュラインまでにタッチされなければ，逃げたチームの勝ち。タッチされれば追いかけたチームの勝ちとなる。スタートの姿勢を変えたり，呼ばれたチームが逃げる側になる工夫をしたり，じゃんけんで勝ったほうが逃げる，追いかけるとすることも同様に行うことができる。

②ドンじゃんけん
2チームに分かれ50メートル以上離れて向かい合う。合図で各チームの先頭がスタートして出会ったところでじゃんけんをする。勝ったほうはそのまま直進，負けたほうは大きな声で「負けた」と自分のチームに知らせ，次の順番の者がスタートする。これを相手のチームのところに着くまで繰り返す。

③折り返しリレー
リレーによる競走の場面を設定することにより，全力に近いレベルで走ることを体験できる。とくに低学年では自分の意思で全力走を行うことは簡単なことではないのでリレー形式は有効なものとなる。また，さまざまなバトンパスの方法を体験することで，どのようなバトンパスが有効かということ

151

を感覚的に学ぶこともできる。

【方法】
　30～50メートル程度の直線での折り返しのコースを基本設定とし，バトン，バトンパスの方法はバリエーションをもたせる。

(2) 小型ハードル走
　小型ハードルはハードル間をリズミカルに走り抜けることで，ジャンプのタイミング，ハードルを越える技術などを身につけることができる運動である。神経系の発達が著しいこの時期の子どもにとって，楽しみながら障害物（ハードル）を越えてゆくことにより，身体感覚が養われ，巧みな動きを身につけることが期待される。とくに導入時には競技種目のように踏切脚は固定しないで，自由な踏切をリズミカルに楽しむことが大切である。
　①ランダムな間隔の小型ハードルを走り抜ける。
　②規則性のあるハードル走。等間隔を同じリズムで走り抜ける。

3　跳の運動（遊び）

(1) 幅跳び，高跳び共通
①フープ跳び
　地面（芝生，やわらかい）に置かれている輪（フープ）をさまざまな跳び方で越えてゆくことで跳躍力，動きの切り替え，踏切動作の基礎を身につける。かんたんに到達できる間隔から始めて，徐々に難易度を高めたものにする。両足での踏切（立幅跳び）や連続踏切（バウンディング）も展開でき，実施する子どもたちがフープを置く場所を変え，難易度を相談しながら調整することでより主体的に楽しめる内容になる。
②ステップ（台）への跳び上がりと跳び下り
　ステップ（台）への短い助走からの跳び上がりでは，片足で踏み切ることと安定した着地動作が行えるようにする。ステップ（台）からの跳び下り動作では着地のときに膝関節を上手に使って着地音が少ない，静かで安全な着地を

目指す。どちらも無理のない，余裕をもって上がれる（下りられる）高さにして安全に行う。

(2) 幅跳び

①川を越えよう

2本の線（ロープ）を地面上に描き，線と線の間に落ちないように跳び越える。助走なしでの両足踏切，助走をつけての片足踏切など条件を変えながら跳躍を行う。適正な助走が行えているか，踏切のタイミングが合っているかなどをチェックする。

②目標に向けてジャンプ

砂場に目標となるリング状の印をおき，その中をめがけてジャンプする。距離を伸ばすことと，着地したときにリングから外に出ないことを目標とする。着地の際に膝の屈伸を上手につかった安全な着地姿勢がとれるようにして，ふわりとした着地ができるようにする。

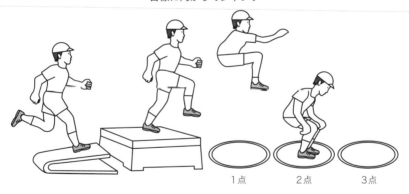

目標に向かってジャンプ

(3) 高跳び

①ゴム跳び

次ページのイラストのような設定で，両足踏切にならないように，自然な助走からの跳躍運動を反復して行うことにより，片足での踏切動作を習得する。体格や運動能力に合わせて跳躍の幅，高さを調節し，確実に跳べるよう

ゴム跳び

に設定すること。そのうえで，徐々にレベルを上げていき，より困難な課題へと挑戦するようにする。

　斜めからの助走つきの跳躍ではバー（ゴム）に向かって外側の脚で踏み切るようにする。ここでは，はじめから踏切脚を固定しないで左右の脚での踏切動作を行い，どちら側が踏み切りやすいか，踏切位置はどのあたりがちょうどいいか，助走のスピードや距離などについて学ぶことも課題となる。また，着地も転ばないように注意し，安全な高さを調整しながら，より高い跳躍ができるように挑戦してみる。

【注意点】
　　ゴム跳びの場合，支柱にゴムを結ぶのは支柱が倒れることがあるため危険である。手で持ち，すぐ離せる状態で保持をする。

4　指導法の展開

(1) 指導のポイント

　陸上運動系の領域として，低学年を「走・跳の運動遊び」，中学年を「走・

跳の運動」，高学年を「陸上運動」で構成している。さらに，走・跳の運動遊びは，「走の運動遊び」「跳の運動遊び」で，走・跳の運動は，「かけっこ・リレー」「小型ハードル走」「幅跳び」「高跳び」で内容を構成しており，これらの運動は，走る・跳ぶなどについて，仲間と競い合う楽しさや，調子よく走ったり跳んだりする心地よさを味わうことができ，また，体を巧みに操作しながら走る，跳ぶなどのいろいろな動きを身につけることを含んでいる運動である。

　幼少時期，わざわざ水溜まりに向かい楽しそうに跳び越えたり，高いところへ跳び乗ったり降りたりして楽しむ姿，友達とグリコジャンケンをして競争して楽しむ姿など，素直に「跳びっこ遊び」そのものの面白さを生活の中に取り入れている子どもの姿が容易に想像できる。一方で，そのようすには，片足踏切ができず両足踏切をする子がいたり利き足が決まらない子がいたりもした。こうして，走・跳の運動(遊び)の学習指導では，走ったり跳んだりすること自体の面白さ・心地よさを引き出す指導を基本にしながら，どのような力をもった児童においても競走(争)に勝つことができたり，意欲的に運動に取り組むことができたりするように，楽しい活動の仕方や場の工夫をすることが大切である。

(2) 現場の声

❖「利き足がわからない」〜跳ぶ動き方の系統性を踏まえた指導を〜

　跳ぶ遊びの経験の個人差もあり，利き足がわからない子が少なくない。それが高学年になっても見られることがあり，大変残念である。跳の運動(遊び)で身につける動き方には，高学年で取り組む「走り幅跳び」や「走り高跳び」につながる動きが数多く含まれている。「助走を付けて，片足で踏み切り，前方や上方に跳んだり，片足や両足で連続して跳んだりする」「しっかりと地面を蹴る」技能を，まずは低学年できちんと身につけておく必要がある。

❖「ケンパー跳び遊び」にもさまざまな工夫を……

　指導場面を想像しながら1つの例を具体的に考えてみる。解説には，低学年「イ　跳の運動遊び」の例示に，「ケンパー跳び遊び」が示され，「片足や両足で連続して前方に跳ぶこと」とある。一般に「ケンパー　ケンパー　ケン

ケンパー」のリズムをイメージするが，ケンパー跳び遊びも多様であり奥深いことを理解しておきたい。たとえば，直線で跳ぶ「まっすぐケンケン」，斜めに跳びながら進む「ジグザグケンケン」，最後のリズムを変えた「ケンパー　ケンパー　ケンケンーパ」「ケンパー　ケンパー　ケンパーパ」など，リズムや距離，方向，片足と両足の動きの結び目（連続）を変化させながら，やさしい場や挑戦する場を設定すれば，解説に示された動きを習得し，子どもの意欲も向上し継続する。また，場を囲む友達が一緒に声を合わせてリズムを出せば，仲間によって動きの条件が規制される。教師が規制するのとは違い，より場による条件の追い込みが可能となり，子どもの課題意識も向上する。多様な動きをつくる運動（遊び）と合わせ，「易しい運動から複雑な運動へ」「うまくできたかどうかわかりやすいこと」「楽しく取り組めること」を大切にしながら，子どものようすをよく見て，たくさんの「できた」経験を増やしたい。

❖ 「走・跳の運動（遊び）」と「陸上運動」と発達段階

　低学年の子は，動きを指摘してもなかなか成果につながらず，かえってぎこちない動きになることがある。とりわけ低学年段階では，体の動かし方のこつを意識させることよりも，全力で取り組む経験を優先させながら指導すること，また，楽しさや可変性のある運動（遊び）経験のなかで，次第に要領を得ていくようなシンプルな教材を設定したい。また，友達との勝ち負けや自分自身の記録更新の競走（争）と合わせて，自分たちで簡単な遊びを工夫できるようにしたり，勝敗の結果を受け入れたりと，思考・判断や態度の学習内容についてもバランスよく指導することが大切である。

❖ 「きまり」と「約束」の違いは？

　解説において，態度として低・中学年では「きまり」を，高学年では「約束」という言葉を用いている。「きまり」とは，先生が設定するものであり，「約束」とは子どもたち同士が設定するものである。こうした細かい言葉の違いを1つずつ理解することが，子どもとの向き合い方では重要となる。

第11章 走・跳の運動(遊び)

> 確認問題

1　よい姿勢を意識して基本の動きができるか。
2　走り方のポイントをおさえたランニングができているか。
3　ボール，フープなどを使った運動を楽しめているか。
4　跳躍系の運動において，スピードを調節したり，踏切や着地を工夫できているか。

より深く学習するための参考文献
・日本陸上競技連盟編『陸上競技指導教本アンダー12　楽しいキッズの陸上競技』大修館書店，2010年
・文部科学省　教師用指導資料「小学校体育(運動領域)まるわかりハンドブック」2011年

第 12 章

陸上運動

　高学年では，仲間と走る速さや跳ぶ距離，高さを競い合ったり，自己の記録を向上させたりすることを楽しめる内容で授業は構成される。全力で走ることや跳ぶことを通して，目標を達成する楽しさを体験し，体を巧みに操作することや合理的で心地よい動きを身につけることを目指すものである。各種目において，リズミカルな動きを通して，自分の力を最大限に発揮できるような技能を身につけることが課題となる。

　また，体格や体力差によって，技能では補えないほど個人差が大きく現れることもあるので，結果のみで評価することのないようにする。個々が目標を達成するために必要な課題を自ら考えて，その解決のための努力（練習）に積極的に取り組めるようになることが重要である。

キーワード

短距離走　リレー　ハードル走　走り高跳び　走り幅跳び

1　基本の動き

(1) 短距離走

　スターティングブロックを用いたスタートでは，すばやく跳びだせるような脚の位置を工夫する。実際に行ってみて，自分にあったポジションを工夫する。ブロックを用いたスタートでは，体がすぐに起きないように目線を下

げて素早い足運びで加速する。

スターティングブロックを用いたスタート

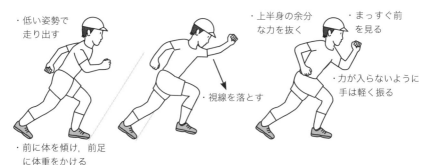

【技術のポイント】

①前足はスタートラインよりも後ろに置く。

②「用意」の時の前脚膝の角度は90度前後，後脚膝の角度は120度前後を目安にする。

③最初の1歩はスタートラインよりも前に着くように大きく踏み出すようにする。

2 走の運動

(1) 短距離・リレー

1) 5〜8秒間走

①ウォーミングアップとして(徐々にスピードアップ)

30〜60メートル程度の直線コース上のゴール地点(コーン，マークなど)を目指して，合図でスタートし5秒(8秒)で(以内に)ゴールに到達することを行

う。

初めはジョギング程度の速さで到達できるように，近くにゴールを設定して，徐々にゴール地点を遠くすることでスピードを高めていく。ラストは全力疾走に近づくようにゴール位置を調整する。
②何メートル走ることができるかに挑戦

30〜60メートル程度の直線コースにおいて，5秒（8秒）で何メートル走ることができるか挑戦する。ゴール地点は固定し，走力に応じてスタート地点をゴールから遠ざけることで，走る速さが違ってもすべての児童が同じゴールラインを目指して全力で競走することができる。

【技術のポイント】
　3，4年生は5秒，5，6年生は8秒を目安にし，それぞれの時間を全力疾走できることが大切である（アスリートも8秒程度しかトップスピードを維持できない）。

2）リレー
テイクオーバーゾーン内で最高スピードでのパスができるようにバトンパスを行う。バトンを渡す側と受ける側のスピードを合わせて，上手にバトンパスを行うことでタイムの短縮を目指す。具体例として，50メートル×4人のリレーを行い，50メートルの個人記録の合計タイムに対して，リレーではどのくらい短縮できるか挑戦する。

【技術のポイント】
　①オーバーハンドパスとアンダーハンドパスの2通りの方法がある。
　②高学年では，できるだけ後ろを見ないでパスを受け取ることを目標に練習する。そのためにはダッシュマークをつけるとよい。
　③バトンを渡す走者はタイミングよく次走者に声をかける。

(2) ハードル走
ハードル間を連続してリズミカルに走り通すことを楽しむことができるよ

うに，ハードルの高さ，ハードルの設置間隔を調整し，一人ひとりが到達可能な目標に向かって取り組めるようにする。ハードリングの基本的な技術の習得や，ハードル間をスピードを維持しながら走る技術を身につけながら記録の短縮ができるようにする。

着地　　　　　　1歩　　2歩　　3歩

【技術のポイント】
①踏み切る位置と着地の位置は6対4を目安にする。
②横から見て，頭の位置が上下に動かない。つまり，ディップをかけることが上級者へのアドバイスとなる。

3　跳の運動

(1) 走り幅跳び

　走り幅跳びでは助走スピードをいかにして跳躍に活かすことができるかが大きな課題となる。力強い踏切から，空中動作，着地までを一連の流れの中でリズミカルに行えるようにする(次ページのイラスト参照)。

【技術のポイント】
①踏み切りを上手に合わすためには，同じように助走をすること，助走スピードを安定させることが大切。
②助走は速ければよいというものではない。踏み切るための準備動作や踏み切るタイミングがとれることが大切。
③着地の際，膝を曲げ，けがをしないように注意すること。

短助走からのロイター板を使った跳躍

タ　ターン

＊砂場は十分に空気を入れるように掘り起こすように注意する。
　セイフティーマットの上に着地してもよい。
＊ロイター板はバネのないものを使用するのが望ましい。

全助走での跳躍

15～20m

＊助走は走力に応じて距離を決める。14歩～15歩を目安にする。

(2) 走り高跳び

試技数，高さの決め方などのルールを定めて，競争を楽しみながら自己記録を更新できるような授業を展開する。記録だけではなく，リズミカルな助走を活かした踏切動作，上手な脚さばきによるクリア，安全な着地姿勢などを総合的に評価することも大切なポイントとなる（次ページのイラスト参照）。

【技術のポイント】
①高く跳ぼうと助走スピードを上げる児童がいるが，速すぎると上方に跳び出すことができない。リズムを重視した助走をすることが大切。
②跳躍の頂点とバーの位置が合わない児童には踏切位置が近いのか遠いのかをアドバイスする。

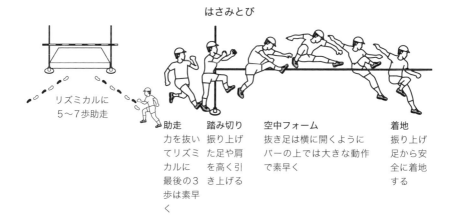

はさみとび

| 助走 | 踏み切り | 空中フォーム | 着地 |

リズミカルに5〜7歩助走

助走：力を抜いてリズミカルに最後の3歩は素早く

踏み切り：振り上げた足や肩を高く引き上げる

空中フォーム：抜き足は横に開くようにバーの上では大きな動作で素早く

着地：振り上げ足から安全に着地する

4　指導法の展開

(1) 指導のポイント

　陸上運動系の領域として，低学年を「走・跳の運動遊び」，中学年を「走・跳の運動」，高学年を「陸上運動」で構成し，さらに陸上運動では，「短距離走・リレー」，「ハードル走」，「走り幅跳び」，「走り高跳び」で内容を構成している。これらの運動は，走る，跳ぶなどの運動で，体を巧みに操作しながら，合理的で心地よい動きを身につけるとともに，仲間と速さや高さ・距離を競い合ったり，自己の目指す記録を達成したりすることの楽しさや喜びを味わうことのできる運動である。

　陸上運動の学習指導では，合理的な運動の行い方を大切にしながら競走（争）や記録の達成を目指す学習活動が中心となる。

　　1) 競走（争）による学習活動
　　　友達やグループ間による勝敗が伴うことから，できるだけ多くの児童に勝つ機会が与えられるよう指導を工夫することが大切
　　2) 記録を達成する学習活動
　　　自己の能力に適した課題をもち，適切な運動の行い方を知って，記録を高めることができるようにすることが大切

(2) 現場の声

❖ 「走・跳の運動（遊び）」から「陸上運動」へ

　たとえば，走り幅跳びにおいて，両足着地が上手くできず困っている児童を見かけることがたびたびある。低・中学年でケンパー跳び遊びを行い「片足と両足の動きの結び目（連続）」をきちんと身につけておけば，そうしたことは起こりにくい。「助走を付けて，片足で踏み切り，前方や上方に跳んだり，片足や両足で連続して跳んだりする」「しっかりと地面を蹴る」といった低学年で身につけた技能があれば，しっかりと高学年につながってくるのである。もし，小学校に入学して4年が経ち，「走・跳の運動（遊び）」を行いながらも身についていない子がいたとすれば，その子にはそうした動きを学習させるところまでさかのぼって授業を展開してあげることも考えたい。

　教師の指導力により子どもの姿は変容し，できる喜びを生み出し，次の運動や豊かなスポーツライフに大きくつながる。教師にはその責任がある。

❖ 「記録を達成する学習」「競走（争）による学習活動」

　「小学校学習指導要領解説　体育編」には，競走（争）による学習活動では，「できるだけ多くの児童に勝つ機会が与えられるよう指導を工夫することが大切である」と示されている。そこで，授業においては勝利できる可能性をどのように保証するかが重要になってくる。技能の学習に焦点を絞った単調な取り組みにせず，子どもたちが目の色を変えて取り組める授業にしたいものである。

　たとえば，リレーを例に考える。第一に考えるべき点は，チーム編成の仕方である。ある短距離走50～80メートル程度を基準とした個人のタイムでチーム編成を行い，各チームのタイムの総合計が等しくなるよう教師が計算し，子どもに提示する。すると，子どもたちは，どのチームにも勝つ可能性があることを理解し，意欲につなげていく。一見，子どもたちにとっては等しいタイムであるが，実際のリレーとなれば，ここに技能の差が生まれ，勝負に影響してくるのである。これこそが，教師の関わり方により，どのチームにも意図的に勝つ機会を保証した競走（争）による学習活動となる。具体的に，チーム編成の際のタイムを直線での50メートル走と仮定すれば，カーブでの個の走り方によってタイムは大きく異なってくる。「外側の腕を少し前のほう

で大きめに振ろう」などと助言すれば，グイグイと体を中に倒しながらカーブを走り抜ける姿が現れ，タイムの短縮につながるであろう。また，テイクオーバーゾーンを長めに設定すれば，走順の工夫がより生かされる。速い子を長く走らせればチームタイムは短縮され勝利に近づく。そのために，テイクオーバーゾーンの前方や後方でのバトンパス位置を決めるなどして，一人ひとりの走る距離を踏まえた作戦を立てられるのである。

　減速の少ないバトンパスの指導は技能として当然行うことであるが，思考・判断にかかわる競走（争）の仕方を工夫できれば，子どもたちの学びは深まる。これが体育科の求める学力の一面である。これまで他チームとの競走（争）の仕方を示したが，一方で，各リレーチームのはじめの記録と対比しながら学習に取り組めば，「記録を達成する学習活動」とも言える。

　技能追求に振れすぎれば単調となる学習活動も，こうした教師の教材の工夫の仕方により，「誰もが楽しく」「繰り返し挑戦したくなる」「走りの洗練を促す」「仲間と楽しめる」ようになることを忘れないでほしい。

確認問題

1　速く走る技術のポイントと指導のポイントをまとめよう。
2　リレーのタイムを縮めるためにどのような工夫があるかまとめよう。
3　ハードル走，走り幅跳び，走り高跳びの技術のポイントをまとめよう。

より深く学習するための参考文献
・高橋健夫・松本格之祐・尾縣貢・高木英樹編著『すべての子どもが必ずできる体育の基本』学研教育みらい，2010年
・日本陸上競技連盟編『陸上競技指導教本アンダー12　楽しいキッズの陸上競技』大修館書店，2010年

第13章

水　泳

　水泳は，陸上運動では感じることのできない心地よさを十分に味わうものにしたい。さまざまな遊びを通して水に慣れ，恐怖心を取り除き，もぐる，浮く動作から推進力を得るための正しい姿勢，キックを体得し，クロール，平泳ぎへと繋げていく段階的指導のポイントを記している。とくに，長い距離を泳ぐために必須となる「呼吸」のしかた（姿勢）を解説している。

キーワード

水慣れ（水遊び）　キック（ばた足・かえる足）　呼吸　クロール　平泳ぎ

1　基本の動き

　水泳は，陸上運動とは違い，水の特性を理解し，「水の克服」を楽しむことが基本となる。水に慣れ，浮き，潜り，進み，呼吸する。これらを習得しながら，仲間と競争を楽しんだり，自分の記録や距離に挑戦したり，きれいなフォームで泳ぐことをねらいにするなど，その「達成」を楽しむことへ発展していく。とくに，水との関わり合いのなかで「安心感＝緊張をほぐす」ことへの配慮と「呼吸」することへの意識づけが大切になってくる。

(1) 顔つけ

　水慣れの初歩的段階で行われる顔つけでは，顔全体を下向きに水につけさ

せることがあるが，ここでは，イラストのように，顔全体を一度に水につけるのではなく，縦方向にゆっくり段階的に進めていきたい。

プールサイドを両手で持ち（身体の安定＝安心感）
①息をいっぱい吸い，止めてからあごまで水につける
②いっぱい息を吸い，止めてから鼻の下まで水につける（イラスト左）
③いっぱい息を吸い，止めてから目の下まで水につける
④いっぱい息を吸い，止めてから眉毛まで水につける（イラスト中央）
⑤いっぱい息を吸い，止めてから頭のてっぺんまで水に入る
⑥①の状態に戻り，パァと呼吸する（イラスト右）

②　　　　　　④　　　　　　⑥

　この際，ゴーグルの着用の可否について問題となることがあるが，水に慣れ，水との関わりを楽しむことを第一の目的と考えているため，着用を推奨したい（「水中で目をあくことができる」ことを早い段階で課題にする場合が多いが，意識して目を固く閉じる児童や，首や肩にも力が入ってしまう児童は今後の学習の大きな障害になることもある。一方で，ゴーグルの着脱の際に，ゴーグルのホールド部分の外れや長さ調節に教師が時間を割かれることも予想され，家庭との連携やその際の参加のしかたについての児童への説明も事前に行っておく必要がある）。
　また，これらの動きと平行して，呼吸法も身につけたい。②の段階で，数秒後，「ぱっ」と息を吐くといったボビング（口はまだ水中にある）や「ううう」「ぶくぶくぶく」などと水中で息を吐くこと（バブリング）を確認し，③，④でも同様に行い，とくに水中で息を吐き出すことへの抵抗感を少しずつ取り除きたい。
　その際に注意したいことは，口が水上にあれば呼吸できるということであ

る。②，③，④，⑤の完了は⑥の状態で呼吸することであり，リズムよく繰り返して行えるようにしたい。開放感のあまり胸まで水上に出すようなことは，今後の泳ぎへ向けた動きづくりに有効ではない。

(2) ばた足

ばた足（キック）は進む力を大きく左右する大切な技術である。プールサイドに腰を掛けて並び，ばた足を練習する様子は見慣れているであろう。水慣れの一環であれば座り方やばた足の方法にまで注文はつけないが，教師が陸上から個々の児童の足の動きを確認できる大切な機会となる。①プールサイドの端ぎりぎりに腰をかけ膝上まで水中に足を入れる。②膝，足首を伸ばし，足の親指の内側1点が接触するように内股に構える。③ばた足をしながら親指が時々ぶつかるくらいに，膝を伸ばして，股（内股）から上下にばた足をする。④足の甲で水を上に押し上げるようにばた足をすること（下方向は，重力で沈んでいく）に注意し，水上に親指がでないようにしっかりと水を蹴り上げる＝しっかり，もこもこと白い泡（わき出る温泉をイメージ）をつくる。また，教師が入水している場合には，股からばた足ができているか，内股で左右の足が中心に向かって（内股）蹴り上げているか，足首を持ち上下に足を動かしながら，足首に力が入りすぎていないか確認しながら補助したい（イラスト参照）。適度に力が抜けている児童は，蹴り上げる際にはしっかりと足首が伸び，下ろす際には適度に緩んでいるようすがわかる（下ろす際にも膝は伸びた状態にしたい）。

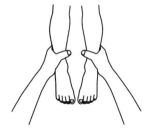

2　水遊び

水に慣れる遊びは，日常的な洗顔，手洗い，入浴などですでに体験していることの延長線上にある。夏が近づくにつれ，手洗い場は順番を待つ児童で賑わい，指先から肘まで水をかけ流してその心地よさを味わう光景をみるようになる。しかしながら，体育の授業においては，「準備運動後，頭頂部から

しっかりシャワーを浴び，プールサイドに集合」といった一連の行動から始まるが，すでにプールの広さや深さに不安を感じ，さらにシャワーを浴びながら，心地よさを味わう児童がいる一方で，息苦しさ，嫌悪感や恐怖に身体を震わせている児童が存在していることも事実である。つまり，水慣れは，シャワーの時点ですでに始まっているといえる。

(1) 水に慣れる遊び

1) ホースで水をかける遊び

とくに第1学年では，ホースで水をかける遊びから始めたい。足元，膝，脚部，臀部(でんぶ)，背中など，ようすを見ながら水の冷たさに慣れ，水の心地よさを経験させたい。入水する場合には，シャワーにおいても首から下の部分を中心にしっかりと浴びたり（もぐる動きを含む場合には，再度しっかりと頭からシャワーを浴びるような工夫をする），ゴーグルを着用して浴びるなどの工夫で対応したい。

2) 水かけっこ

プールサイドに腰をかけ，両足を開き，その間から水を自分の胸に向かってかき込む。また，教師が入水し，教師を目標に水をかけたり（教師がようすを見ながら水をかける＝反撃），ビーチボールなどをプールに浮かべ，目標地点まで水をかけて運んだり，プールの中で児童が互いに水かけっこを楽しむようにしたい。

3) ワタリガニ（つたえ歩き）

入水し，両手でプールサイドをつかみ，両足は壁につけ，カニのように左右に横に移動する。

4) ものまね歩き

動物などのものまねをしながら水中を歩く。腰まで水中に入り，手を後ろに回して尾をつくり，パチャパチャと水しぶきを上げながら歩くアヒル歩きや，胸まで水中に入り，手を犬かきのように左右交互に動かしながら歩いた

りする。また，プールの構造（水深）にもよるが，水深の浅い部分のあるプールや水深台で調整をすれば，手をついて顔が出るような状況にある場合には，カバ歩きや手だけで歩くワニ歩きがある。ワニ歩きで，少し早く歩けたり，脱力できている児童は自然に足が浮くようになる。

5) 水中でジャンプ

プールサイドを両手で持ち，ジャンプを繰り返す。両足でしっかりと底をけるが，ジャンプ後，小さくなって身体が沈んでいく感覚を味わわせるため，肩が水に入るところまで戻ることを意識させたい。また，恐怖心が取り除かれ，水に慣れてきたら，手を離して同様にジャンプしたり，両手を横に大きく広げ，ジャンプの際に空中で手をたたき，足が底につくときに水面を元気よくたたくなどジャンプを取り入れた水慣れの方法を工夫したい。

6) 水中歩き

水中を歩き，水の抵抗とバランスを取ることの難しさを楽しませたい。犬かきやクロール，平泳ぎなどの手の動きでバランスを取りながら歩く。水のかき方で進む速度が変化することを理解させたい。また，じゃんけん列車のように，縦に2人，3人……と繋がったり，手つなぎ鬼のように，横に並んで歩いたりとプール版の鬼ごっこを工夫したい。

7) 足からの飛び込み

飛び込みについては，安全面からも賛否が分かれるところであるが，水を克服し，元気よく足から入水することができれば，水慣れも十分な域に達していると考えられる。注意したいのは，プールサイドに両足の親指をかけて，膝の屈伸運動を使って足から飛び込むようにし，指導内で行うことが原則である。

(2) 浮く・もぐる遊び

1) クラゲ浮き・だるま浮き

浮く遊びは，水に慣れ，顔や頭を水中に入れることができ，さらに身体全

体の力を抜くことが大切である。クラゲ浮きは，立った姿勢から前屈し，足首を持つように構え，あごを軽く引きながら背中で浮くようにする。手足が伸びているので恐怖心も少ない。だるま浮きは，クラゲ浮きの膝を曲げて抱える遊びである。膝を曲げることへの抵抗感のある児童には，片足を抱えることから始めたい。

2) 伏し浮き

伏し浮きは，クラゲ浮きから両手，両足をゆっくり伸ばして行う。指導場面ではプールサイドやビート板を利用して，段階的に進めることも有効である。2人組をつくり，1人は前に立ち，手のひらを上にして（相手の手は持たない，握らない）構え，いつでも支えになるという安心感を与えながら，伏し浮きに挑戦させたい。さらに，3人組をつくり，1人は少し距離（1～2メートル）をおいて前方に立ち，2人組と同様の姿勢で待つ。もう1人は後方から伏し浮きができた状態が確認できたら，両足の裏を両手で軽く押し，伏し浮きの状態で移動する感覚を味わわせ，けのびへと繋げたい。また，ここでは，大切な立ち方の学習も併せて行いたい。ある動作が完了し，児童は立つことや呼吸することに気持ちが集中すると，立ち上がった瞬間にバランスを崩すということがある。立つ際には，顔をすぐに上げるのではなく，両膝を曲げ，下半身が沈み，両足がついてから立ち上がるように指導したい。

3) 石拾い・水中じゃんけん・コースロープくぐり

昔から石にペイントし，拾うことを目的とした遊びは定番といえる。今日にあっては，石に見立てたゴム製のものや棒状の一方に重りがついていて，水中に立つものなど，色や数字で教師の問いかけなどにも対応できる教材も市販されている。水深の浅いところでは，水上から石の位置を確認し，足で石を探り当て，目を固く閉じたまま拾う姿もあり，楽しさを感じることが少ない。目を水中で開くことができる児童だけが楽しむことのないよう配慮したい。また，同様に特別な用具を使わず，もぐることを楽しむ遊びでは，水中でじゃんけん，コースロープくぐりなどがある。

4) 輪くぐり・股くぐり・イルカとび

 もぐる遊びから泳ぐ運動へ発展を考えた場合，もぐり，手をかき，進みながら目標である輪や股の下をくぐる遊びが有効である。また，イルカとびは，底をしっかりとけって斜め前方へジャンプし，指先から入水し，もぐりながら進む遊びである。とくに，底をける際に，両手が耳の後ろにあり，手を合わせて伸ばした状態で，頭までもぐって行うように声かけをしたい。いずれの遊びも教師のねらいがあってのものでなければならない。

3　浮く・泳ぐ運動

 現行(2008年8月改訂)の「小学校学習指導要領」では，第3学年および第4学年では，補助具を使ってクロールや平泳ぎの手や足の動きや呼吸の方法を練習したり，呼吸しながらの初歩的な泳ぎをしたりすると示されており，ばた足やかえる足も例示されている。壁につかまってばた足をする際に補助具として，キック練習用板(ビート板)および腰が沈んでしまう児童にはヘルパーを用意したい。ビート板を使っての壁キックでは，①プールサイドを持ち，ビート板に肘を伸ばした状態でのせ，あごを水につけた状態でばた足をする。肘が曲がると，肘で体を浮かせようと力が入ってしまう。また，腰が沈んでしまう児童にはヘルパーなどの補助具を使って，重心の移動を補助(単なる浮き具ではない)し，まっすぐな姿勢を実感させたい(右ページのイラスト左上)。②ビート板の先端を持ち，肘を伸ばして壁キックをする。プールサイドと水面との高さに差がある場合には，ここからはじめることになろう(右ページのイラスト右上)。③ビート板中央部に，肩幅に腕を開き，手のひらをのせる。肘を伸ばし(ビート板の横を持つと力が入ったり，肘が曲がったりする)，顔を水につけて壁キックをする。一般的なビート板の形を有効に使いたい。また，体が一直線になるよう，軽くあごを引き，頭全体が入水するように(耳までしっかりつけ，真下をみるように)指導したい。

 とくに③では，呼吸動作をしっかりと身につけさせたい。呼吸は，リズムを意識し，ばた足では，「1・2・3・パッ(呼吸)」など声かけしながら行うことが大切である。また，呼吸動作は首の動きだけで行わせたい。呼吸は，あ

ごが水に接触している状態で十分可能であり、手、肘、肩に力を入れて、胸まで水上に出して行わなくてもできることを理解させたい。このように、補助具を有効に使用し、段階的な指導を進めることが望まれる。

(1) 浮く運動

1) ビート板を使って浮く

ビート板に手をのせ、面かぶりでまっすぐな姿勢をつくり、教師や2人組の相手が軽くビート板を引っ張って進めたり、後方から足の裏を押したりして、浮く感覚を体得させたい。また、背面浮きでは、ビート板の中央にへそがくるよう横に持ち、軽くあごを引き、耳をしっかりと水に入れ、へそを浮いているビート板に近づけるようにしながら浮いたり（イラスト下参照）、ビート板を2枚用意し、1枚は、軽く曲げた膝裏から腿裏にはさみ、もう1枚は枕のように横にして、長時間リラックスして浮いていることを楽しむような工夫もできる。

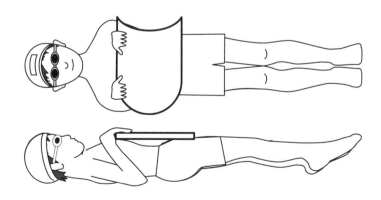

2) けのび

　伏し浮きができるようになったら，手を揃えて肘を伸ばし，耳の後ろを両腕ではさむような構えから顔を水につけ，腰を浮かせながら両足で壁をけってまっすぐな姿勢をつくり，進む感覚を味わう。また，けのびを繰り返し行う場合には，立った位置から，同様の姿勢をつくり，顔をつけ，膝を曲げ，底を斜め前方へけって，けのびを行う。

(2) 泳ぐ運動

1) 補助具を使ったばた足

　手，肘，肩，首，腰，膝に必要以上の力が加わらないことは，浮く，進む，続けて長く泳ぐことに繋げていくうえで重要となってくる。

　浮く運動が無理なく行えるようになれば，泳ぐ運動は比較的円滑に進むと考えられる。とくに，ばた足は，顔を出したまま（あごは水面に接触），ビート板をこれまでの持ち方で，プールサイドを両足でしっかりけって，開始時は推進力を得ながら，ばた足をする。第5・6学年に繋ぐためには，ばた足で長い距離を進むことが求められるが，導入段階では，短い距離から始め，進もうと焦る気持ちによる無駄な力が入らないように配慮する必要がある。また，実施する際の水深にもよるが，プールサイドをゴールとしてキックすることも有効である。さらに，距離を伸ばしたり，顔をつけた（面かぶり）ばた足では，一定のリズムによる呼吸を加えて，続けて長く泳ぐことを目標としたい。

2) 補助具を使ったかえる足

　かえる足は，ばた足と異なり個人差も大きく，あおり足や膝がおなかの方へ入り込んでしまい，おしりがでる児童も存在し，指導が困難な状況になることがある。まず，かえる足の導入は，陸上で行いたい。①足首は，ばた足と正反対であり，下駄を履いたように足首に力を入れ，かかとをくっつけたまま膝をおしりの上に曲げて構える。②くっつけていたかかとを離し，後方へける準備（構え）を行う。③水をける動作では，足首の形を変えないで後方へ，くるぶしから足の裏で足がまっすぐ伸びて揃うまでしっかりと水を押すイメージを持つこと。陸上で実施する際には，水深台，スタート台やビート

板を何枚か重ねて、膝が下がる（水中での姿勢に近い形）状況で行う。ここでは、膝がお腹の方に入り込まないように注意したい。指導では、①曲げて（構える）→②開く（かかとを離す）＝キック開始動作完了→③ける→

両足を伸ばして揃える、を繰り返し行い自然に正しいキックが行えるようにしたい（イラスト参照）。過去において、ふとんやベッドの上で練習するように指導された経験があるかもしれないが、実際には、膝を曲げ、臀部の上に足を上げた際に足は水中になければならない。そのため、片手で壁やフェンスを持ち、片足をかえる足を行うように上げ、足首の返しを確認させることのほうが有効となろう。陸上で理解し、できていても、実際に水の中で行うとできないことも多く、根気強く指導したい。

　ビート板を使ってかえる足で進む練習においては、面かぶりから始めたい（顔を上げて、膝を曲げて…＝沈む）。また、かえる足の練習においては、キックが完了したときごと＝膝がきちんと伸びた状態＝けのびの状態で呼吸を入れたい。呼吸の際に、肘が曲がらないように注意したい。

3）面かぶりクロール（呼吸なし）

　面かぶりクロールを実施する前に、クロールのストロークをある程度理解させたい。やはり、陸上または、膝から腰程度の水深での確認が重要であると思われる。前傾姿勢をとり、両手を前に伸ばす（けのびをイメージ）→どちらか片側の手をしっかりと後ろまでかく（イラスト左）＝手が前と後ろにしっかり伸びる→前の手は水をかき、後ろの手は手のひらを後ろに向けたまま大きく回してくると肘が上、かきの手は下と「上と下」の状態になる（イラスト右）。さらに前の手はしっかりと伸ばして指先から入水し、後ろの手は、ももを触

るところまでしっかりとかく「前と後ろ」。この一連の動作を「前と後ろ」ののびの動作を意識しながらリズムよく行うことを確認してから，実際に行いたい。

　水中では，けのびからはじめ，頭の位置に注意しながら，息の続くところまで行う。目標を決めて実施することが多いと思われるが，何度立ってもよいこと，再度立ったところからがんばるように声かけしたい。

4）系統にこだわらない初歩的な運動
　基本的なキックの，ばた足，かえる足と両足を揃えてキックするドルフィンキックと，平泳ぎ，クロール，バタフライ，背泳および犬かきなどの手の動きを児童自らが選択し，その組み合わせで泳いでみることも含め，「4　水泳」で紹介する呼吸を取り入れながら，クロールや平泳ぎの初歩的な泳ぎを経験させたい。

4　水　泳

(1) クロール

　クロールでは，続けて長く泳ぐことが目標とされていることから，呼吸を効率的に行うことが最大のポイントとなる。クロールの呼吸は，顔を横に向けて呼吸することが特徴であるが，その頭の位置が問題となる。できるだけまっすぐな状態を維持しながら呼吸することが大切であり，たとえば左側で呼吸する場合には，右耳は水にしっかりとついていること，右の口元まで水に入っていること，頭頂部の位置は変わらない（首を正面から左に回すだけ）こ

とを押さえておきたい（イラスト参照）。この呼吸法の習得には、ビート板の活用が有効である。

1) 横向き呼吸を取り入れたばた足

ビート板の中央部に片手をのせ、反対の手は伸ばしてももにそえる。この姿勢のままばた足を行い「1・2・3・呼吸」のリズムで、横向き呼吸をする。その際、呼吸する側の肩を少し上げ（身体を回転させ）、肩先をみるように呼吸するとよい。続いて、呼吸する側の手をゆっくりとかき、2回に1回呼吸を入れるようにする（1回は面かぶりの姿勢＝安定、2回目は呼吸）。左右関係なく呼吸できる児童には、左右両方の呼吸に挑戦させたい。

2) クロール

泳ぎはじめから規則的にリズムを感じながら呼吸するようにしたい。入水した手で遠くの水をつかむよう伸ばす姿勢を意識することによって、肩が伸び、一方の肩は沈み、一方の肩が上がるというローリングの姿勢が自然とできるようになる。

(2) 平泳ぎ

平泳ぎのかえる足は、習得に個人差があり、正しい足の構えや動きは泳ぐ遊びのなかでも段階的に指導したい。呼吸のタイミングについては、ビート板を使って、かえる足完了（けり終わり）後、両足が揃って伸びている状態であごを前に出すようにゆっくり呼吸し、次のかえる足を行うようにする（イメージとしてはキック〜伏し浮き状態〜呼吸）。手のかきに合わせて呼吸するのではなく、呼吸に合わせて、手のかきを指導したい。伸ばした手を少し開き、手首を下方に向け、水を押さえ逆ハート型を描くように動かす（イラスト参照）。手のかきを大きくするとお腹の方までかいたりして、フォームがばらばらになる児童がいる。ドッジボールの大

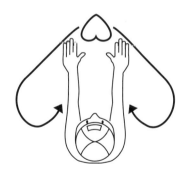

きさをイメージして行うなど，実際のかく大きさより小さいものをイメージさせるとよい。「かえる足（キック），伸び，呼吸」「かえる足（キック），伸び，呼吸」のリズムで首を動かし呼吸動作に入るのと同時に手をかくことに注意したい。

5　指導法の展開

(1) 指導法の展開

　水泳系の領域として，低学年を「水遊び」，中学年を「浮く・泳ぐ運動」，高学年を「水泳」で構成しており，器械運動とは異なり，5年生から「水泳」として位置付けられている点が特徴である。理由として，中学年段階での泳力の達成度が低いため，泳法にこだわらず，用具や補助具を利用して，浮く・泳ぐ運動をもっと時間をかけて学習させ，泳法を身につけるための基礎的条件をしっかりと習得させるべきだと判断されたためである。また，2学年の枠組みを捉えていくという方針からも，3・4年のユニットで構成されるという形となっている。

【低学年　水遊び】「水に慣れる遊び」「浮く・もぐる遊び」
【中学年　浮く・泳ぐ運動】「浮く運動」「泳ぐ運動」

　水中を動き回ったり，もぐったり，浮いたりする心地よさを楽しむ運動であり，また，それぞれの児童の能力にふさわしい課題に挑み，活動を通して水の特性について知り，水に慣れ親しむことで，課題を達成する喜びを味わうことができる運動である。

　学習指導においては，仲間との競争や課題に取り組む学習を通して，水に慣れ親しむことや浮いたり泳いだりすることの楽しさや心地よさを味わえるようにすることが大切である。とりわけ技能面での重要な課題は，水にもぐることや浮くこと，泳ぐための手や足の動きを身につけることであり，高学年の「水泳」につなげるためにも，十分に経験し習得させる必要がある。

【高学年　水泳】「クロール」「平泳ぎ」

　心地よく泳いだり泳ぐ距離を伸ばしたりすることに楽しさや喜びを味わうことができる運動である。

学習指導においては，一人ひとりの児童が自己の能力に応じた課題をもち，練習を工夫し，互いに協力して学習を進めながら，水泳の楽しさを味わうことが大切である。とりわけ技能面での課題は，呼吸の仕方を身につけること，手と足の動きに呼吸を合わせながら続けて長く泳ぐことである。なお，「学習指導要領解説」では泳法に合わせた水中スタートの指導，楽しさを広げる観点から，集団でのリズム水泳などの指導もできるとしている。

(2) 現場の声
❖ 体育学習とスイミングスクール

　まず，スイミングスクールの技能面の習得に向けスモールステップを踏むという点においては，一人ひとりの児童の能力に応じた課題のもち方と類似している。一方で，年間10時間程の限られた時間（45分2コマとし，5回程度）であり，教師一人あたりが指導する人数が30人ほどとなる体育科水泳学習においては，スイミングスクールの指導法とは大きく異なる部分があることは言うまでもない。豊かなスポーツライフをねらう体育科では，「小学校学習指導要領解説　体育編」において「一人一人の児童が自己の能力に応じた課題をもち，練習を工夫し，互いに協力して学習を進めながら……」としており，現場ではバディ学習を取り入れている。とりわけ高学年では，一人ひとりの児童の自己の課題が大きく異なり，教師が一人ずつ順番に指導していくには時間もかかるし，効率があがらないのである。また，解説では「互いに協力して学習を進めながら，水泳の楽しさを味わうことが大切」とも示され，個に応じた課題を友達と学び合うなかで，成就感を味わうことをねらう点においてもバディ学習は大変有効である。さらに，水泳は生命に関わることからもバディ学習を通した学び合いをぜひとも大切にしたい。

❖ バディ学習と個の課題

　子どもの抱える課題は人数に合わせて多様であり，それが高学年ともなると個人差がより大きく，より複雑となる。こうした多様化した課題を解決すべく，バディ学習という学習指導法が大変有効になってこよう。バディの友達同士で互いに自分の課題を伝え合い，一人が泳ぎ，もう一方が陸上で追いながら友達の泳ぎを見る。そして，課題にそった振り返りを助言する。自分

に合わせた課題をつかむのと同じように，バディの友達の課題も合わせて理解する必要が生まれてくる。そうした課題解決の過程を学ぶ姿は，体育科としての学力として大変重要である。

❖水につかったときの動き方

　浮く・泳ぐにつながる動きとして，水の中で手を上手に動かしながら水中で立ったりバランスをとったりするような動きを大切にしたい。どのように手をかければ，浮いた姿勢から起き上がれるのか十分な経験を積ませたい。

確認問題

1　さまざまな鬼遊び，おにごっこを参考に，水慣れで行えるものをアレンジしよう。
2　平泳ぎのかえる足を陸上で指導する方法を考えよう。
3　水慣れを円滑に進めるためにプールをどのように利用するのか（水深台の配置，コースロープの有無，児童の動線）をイメージしよう。

より深く学習するための参考文献
・木庭修一・山川岩之助『新訂水泳の段階的指導と安全管理』ぎょうせい，1986年
・本間三和子「小学校低中学年期で経験すべき『動き』を問い直す」『体育科教育』第59巻第7号，大修館書店，pp.14-17
・文部科学省『小学校学習指導要領解説　体育編』2008年

第14章 ゲーム

　この章では，ボールゲームを楽しく進めていくうえで習得していきたい技能について紹介している。ただし，ここでの技能とはボール操作の技能のみでなくボールを持たないときの動きについても技能として含めている。また，鬼遊びがボールゲームで必要な対人技能の要素を含んでいることを理解し，集団対集団での攻防における動きの基礎として扱っている。

キーワード

　　ゲーム　技能　ゴール型　ネット型　ベースボール型

1　ボールゲーム・鬼遊び

(1) ボール投げゲーム

　ボール投げゲームでは規則を工夫したり簡単な作戦を立てたりしながら，ゲームを楽しむことができる。ボール投げゲームには，的当てゲームやそれが発展したシュートゲーム，ドッジボールなどがある。的当てゲームでは，大きさや距離を変えた的に向かって，ボールを転がしたり投げたりする。またそれが発展したシュートゲームでは攻防が分かれたゲームに発展し，的に当てるために攻め方を見つけたり，守り方を考えたりしてゲームを楽しく行う。
【ゲーム】(例：シュートゲーム)
　はじめは守りをつけずに的当てゲームを行い，慣れてきたら攻め3人守り

2人の攻防のあるゲームへと発展させる。その際，攻め側の子どもが各自1個のボールをもったゲームから，チームでボール1個のゲームへと発展させる。たとえば，半径3メートルくらいの円の中央におかれた段ボール箱を的にし，前述のようなゲームを展開する。

【ボール操作】（握るには大きすぎるボール）

①バウンドキャッチ

ボールを強く弾ませて捕る。手首のスナップ，上肢の動きと下肢の動きのタイミングが大切である。

②投げる

投げる方の手と反対側の足を前に踏み出す。腰を「グイーン」と回す。腕をビュっと振って投げる（イラスト左参照）。片手での投げが難しい時は，ボールを両手で顔の横に持ち体のひねりを使って，一歩踏み出して投げる（イラスト右参照）。

片手での投げ　　　　　両手での保持からの投げ

守りのいるシュートゲームでは，守りのいないところへ動く，味方が守りを引きつけたすきを使う，急に動いたり止まったりする，動くふりや投げるふりをすることなど，ボールを投げるまでの工夫した動きが必要になる。

③捕る

ボールをしっかり見て，ボールが体の正面にくるように動く。両手は親指の先を向かい合わせてしっかり開き，両腕をボールの飛んでくる方向に伸ばし，ボールが手に触れたら肘を曲げながらクッションを効かせしっかりと捕る。

④ボールを持たないときの動き

チームでボール1個のシュートゲームでは，パスを受けるための動き（手を上げたり，声を出して注意を引くことも含む）や味方の放ったシュートに対してカバーする動きが必要になる。

(2) ボール蹴りゲーム

ボール蹴りゲームは規則や作戦を工夫しながら，ボールを蹴って行う的当てゲームや，それが発展したシュートゲーム，ボールを蹴って行うベースボールがある。

【ゲーム】(例：シュートゲーム)

はじめはたくさんボールに触れられるように，攻めと守りなしの4人対4人で行う。コートは縦12〜15メートル，横20〜30メートルくらいの広さで行う。ゴールがたくさん決まるようにエンドライン全体をゴールとする。シュートはエンドラインから5メートル手前のシュートラインから行う。センターラインに置かれたボールをゴールにシュートする。シュートをしたらゴールライン上にあるコーンを回ってセンターラインに戻ってくる。ゴールしたら1点とし，すべてのボールがシュートされたらゲーム終了となる（図表14-1）。発展したゲームでは守りが2人ずつ入り，6人対6人で行う。守備側はゴールラインとシュートラインの間に位置する。守備側はシュートされたボールを手や足を使って止める。止めたボールはゴールラインの外側にある守備側専用のかごに入れる。また点数がたくさん入るように，エンドラインの中央のコーンの間を通過したら2点，その両側を通過したら1点としたりす

図表14-1　ボール蹴りシュートゲームのコート

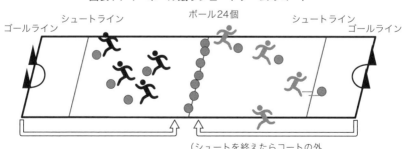

る。また，コーンを結んだひもの下を通過したシュートのみ得点とする。このとき，中央のコーンの前に守備側が入れないエリアを設定するとよい。

【ボール操作】

①ボールタッチ

1人1個ずつボールを持ち，左右交互に足の裏でボールをタッチする。タイミングよく左右交互に同じように足を動かすことが大切。

②蹴る

ボールの真横に軸足が置かれるように踏み込む。蹴り足は，足の甲や足の内側，つま先などあるが，初めは足の内側を使ったキックで狙ったところに正確に蹴る。

③止める

1.足の裏で止める。上から押さえつけるのではなく，つま先を持ち上げて足裏と地面でボールを挟むようにボールを止める。2.足の内側で止める。膝を曲げて，足の内側をボールの来る方向に向け，ボールがはねないように柔らかく止める。

ボールの真横に軸足を置いて蹴る　　足の甲で蹴る　　足の内側で蹴る

守りのいるシュートゲームでは，力任せに蹴るよりも，守りのいないところを狙って正確に素早く蹴る必要がある。

足の内側で止める

(3) 鬼遊び

鬼遊びは特定の区域の中で逃げたり追いかけたり，相手の陣地を取り合ったりしながら勝敗を競い合うゲームである。区域や用具などを工夫した簡単な規則の鬼遊びを楽しく行いながら逃げたり追いかけたり素早い動きを身につけることができるようにすることがね

らいの1つに挙げられるが，なぜ鬼遊びがよいのかについてボールゲームとの関係から以下のようなことが指摘されている。

- ・子どもたちが楽しめる遊びであること
- ・遊びのなかにいろいろなステップワーク，「動き」の要素があること
- ・自分からの動きと，何かに反応しての動きがあること
- ・「観る」ことの意識づけ（鬼，相手と味方，スペースなど）ができること
- ・いろいろな駆け引きができること
- ・協力するという要素を取り入れることができること
- ・判断する能力を養うことができること
- ・ボールあり，ボールなしなどいろいろなバリエーションを構成できること

（日本サッカー協会2011年）

【鬼遊び】（例：宝取り鬼）

　宝取り鬼は攻めチームと守りチームに分かれて4人対4人で行う。コートは縦18〜21メートル，横12〜15メートルくらいの広さで行う。鬼ゾーンは2カ所設営し，それぞれ2人ずつ配置する。攻めは腰にマーク（タグ）を2本つけ，陣地から出て鬼にマークを2本取られないように宝島からお手玉の宝を取り，コートを回って戻ってくる。宝をとる前にマークをすべて取られた場合は，陣地に戻り再スタートする。宝は，1回に1つだけ持ち帰ることができる。鬼はマークを取ったらコートの外に出す。このマークは攻めが陣地に戻るときに受け取り，腰につけて再スタートする。2分間で攻守を交代し，陣地に宝を持ち帰った数で競い合う。規則の工夫としてマークを1本も取られないようにすると難しくなる。

【鬼遊びでの動き】
- ・周囲を見ながら走る
- ・鬼のいないところへ走る
- ・走るスピードやコースに変化をつけて走る
- ・鬼のタッチをかわして走る

（1人の動きの例として,「ジグザグの動き」「大きく回る動き」や「フェイントの動き」などがある。2人以上の動きの例として「おとりを使う動き」「仲間とクロスする動き」などがあげられる）

2　ゲーム

(1) ゴール型ゲーム

　ゴール型ゲームはコート内で攻守が入り交じり，ボールを手や足で操作したり，空いている場所に素早く動いたりして攻防を組み立て，ゴールにシュートしたり，陣地を取り合って得点ゾーンに走り込んだりしながら一定時間内に得点を競い合うゲームである。また，ゲームの特徴にあった攻め方を知り，簡単な作戦を立ててゲームを楽しく行う。

　ゴール型ゲームにはポートボールや，ハンドボールなどを基にした手を使ったゲームや，ラインサッカーやミニサッカーなどを基にした足を使ったゲームがある。これらのゲームでは，味方にパスを出したりしながら，相手のコートへボールを運び込みゴールにシュートしたりする。そのほかに，タグラグビーやフラッグフットボールを基にした陣地を取り合うゲームがあるが，これらのゲームでは，空いている場所に素早く動いたり，味方にボールを手渡したりしながら得点ゾーンに走り込む。

【ゲーム】(例：ラインサッカーを基にしたやさしいゲーム)

　コートは縦18メートル，横30メートルくらいの広さで行うこととし，ゲームの人数はみんながボールに触れてゲームできるように4人対4人で行う。

　パスの状況判断をやさしくするためにコート中央に4メートル四方のフリーゾーンを設けて，各チーム1人ずつが入る（図表14-2）。このフリーゾーン内では，防御側は防御することができない。発展したゲームでは，フリーゾーンをゴール前に設定してもよい。

【ボール操作】

　・足でキープする（ドリブル）

　ボールは常に体の近くにあるように，小さく蹴り，素早く止めることができるようにする。

図表14-2　ラインサッカーを基にしたやさしいゲームのコート

【ボールを持たないときの動き】
　パスを受けるための動きとして，守りとボールを持っている人とが重ならないところへの動きや守りや味方のいない空いているところを利用した動きが必要となる。

(2) ネット型ゲーム

　ネット型ゲームはネットで区切られたコートの中で攻防を組み立てながら自陣から相手コートに向かって相手が取りにくいようなボールを返し，一定の得点に早く達することを競い合うゲームである。中学年ではラリーの続くゲームが楽しめるようにボールの方向に体を向けたり，ボールの落下点やボールを操作しやすい位置に移動したりすることが身につくようにする。
　ネット型ゲームにはボールを片手や両手で弾きながら自陣の味方にパスをしたり，相手コートに返球したりするソフトバレーボールを基にしたやさしいゲームや，弾むボールを床や地面に片手や両手で打ち付けて味方にパスをしたり，相手コートへ返球したりするプレルボール（プレルとは握りこぶしでボールを打ちつけるという意味）を基にしたやさしいゲームなどが挙げられる。
【ゲーム】（例：プレルボールを基にしたやさしいゲーム）
　縦6メートル，横13メートルのバドミントンコートと同じくらいの広さのコートで行う。ネットの高さは50～60センチメートルくらいに設定する。サ

図表14-3 プレルボールを基にしたやさしいゲーム

ーブは，相手チームが取りやすいボールを投げ入れるようにする。相手からのサーブを1人目の人が自陣にワンバウンドさせてから両手で床に打ち付け，2人目の人へパスをする。2人目の人は，味方からのパスを自陣にワンバウンドさせてから両手で床に打ち付け，3人目の人へパスをする。そして，3人目の人は味方からのパスを自陣でワンバウンドさせてからキャッチし，自陣でワンバウンドさせて相手コートへボールを投げ入れて行う（図表14-3）。

【ボール操作】
　・手を使って打つ（パス）
　体の正面で両手を使い，ボールを次の人へパスする。

【ボールを持たないときの動き】
　ボールが飛んでくる地点へ素早く動き，体の正面で受けられるようにする。また，ボールを受けない人も素早くボールに反応できるように，自分の体をボールの方向へ向けることが大切（ボールにへそを向ける）。

（3）ベースボール型ゲーム

　ベースボール型ゲームは攻守を規則的に交代し合い，一定の回数内で得点を競い合うゲームである。児童が楽しく行えるように工夫されたやさしいゲ

ームによって学習は進められる。攻撃側はボールを蹴ったり止まったボールを打ったりして全力で走塁すること，また守備側はボールを捕球し，チームで協力してアウトにしたり，どこでアウトにするかを考えたりしながら動くことができるようにする。

【ゲーム】（例：止まったボールを打って行うやさしいゲーム）

　止まったボールを打つやさしいゲームは，三角ベースのコートを使って4人対4人で行う。攻撃側はティー台に置かれたボールを手またはテニス用のラケットで打ち，1塁，2塁，ホームへと走る。守備側はボールをキャッチした捕球者の後ろに整列し座ったらアウトにできる。または，アウトゾーン（フラフープ）を選んで守備側全員が集まって座ったらアウトになる。アウトになる前に打者が踏んだ塁の数が得点になる。攻守の交代は攻撃側チームのメンバー全員が打ったら，攻守を交代するように行う。

【ボール操作】

①打つ（止まっているボール）

　ボールをよく見て，水平に力強く振る。ボールの位置が体の中心ではなく，打ちだす方向の前足に来るように立つ（イラスト左参照）。

②遠くへ投げる

　投げる方向に対して横向きになり，一歩大きく踏み出し，上体を投げる方向に向けながら，踏み出した足に体重を乗せ，ビュッと腕を振る。

③小さなボールを捕る

　飛んでくるボールの正面に動き，両手でボールを包み込むようにして肘のクッションを使いながら捕る。ゴロは足で壁を作るように片膝を落として受け止める（イラスト右参照）。

【ボールを持たないときの動き】（守備時）

　ボール落下点への素早い動きやア

ウトにするための判断の加わった走りが必要となる。

3　指導法の展開

(1) 指導のポイント

　ボール運動系の領域として，低・中学年の「ゲーム」，高学年を「ボール運動」で構成している。とりわけ低学年段階では，ボール運動を十分に楽しむだけの技能が身についていないため，基本的な動きを習得させることに焦点をあて，「ボール投げゲーム」「ボール蹴りゲーム」「鬼遊び」で構成し，中学年段階から3つの分類「ゴール型ゲーム（攻守入り乱れ）」「ネット型ゲーム（攻守分離）」「ベースボール型ゲーム（攻守交代）」に基づいて，それぞれのカテゴリーのなかから技能的にやさしいボール運動が提供されていることが特徴である。

　ゲームの学習指導では，仲間と協力してゲームを楽しくすることの工夫や楽しいゲームをつくり上げることが，児童にとって重要な課題となる。集団で勝敗を競うゲームでは，規則を工夫したり作戦を立てたりすることを重視しながら，簡単な動きを身につけて，ゲームをいっそう楽しくしていくことが学習の中心となる。また，公正に行動する態度，とくに勝敗の結果をめぐって正しい態度や行動がとれるようにすることが大切である。

　　＊「3つの分類による型の特性」および「ゲーム領域における技能」は，第15章　4
　　　(1)指導のポイント参照のこと

(2) 現場の声

✢誰もが「楽しい体育」をはじめから目指したゲーム

　低・中学年からボールゲームが苦手となれば，高学年でそうした気持ちを取り除くことがますます難しくなる。はじめは，たくさんボールに触れられるような個人で競う簡単なゲームから，攻守が明確なゲームや攻守が入り交じったゲームなどグループで勝敗を競うゲームへと発展させることでゲームの楽しみ方が変化する。こうした工夫を入れながら，はじめから最後まで「楽しい」と思えるボールゲームを展開したい。子どもが順番に並んでドリブル

練習のようなことをしてしまっては，子どもの意欲も奪われ，楽しさから遠ざかってしまう。

✤「動いていること≠学力」　＊学びのある体育を

　子どもが汗をいっぱいかけるよう十分な運動量を確保することは大変重要である。一方で，運動量があることのみに満足してしまう指導者であってはいけない。漫然と動いていることで学力が勝手に身についているわけではないからである。「ボール操作」「ボールを持たないときの動き」など，体育は何かを身につける教科であることを忘れてはならない。よりよい動き方に気づくような言葉がけをしたり，攻めやすい場所や攻め方の工夫についての発問をしたりと，具体的に指導することが重要である。そうした意味でも，教師が子どもに関われる場面が多様であるがゆえに，技能や思考・判断に関わる教師の引き出しを数多く備えておきたい。時として，自分自身の技能が低いと感じている指導者ほど，それら教材研究を感覚ではなく理論的に分析し，より深く理解しており，子どもにできる喜びを味わわせた充実した体育の授業実践を行っている場面をみることもある。体育はトレーニングではなく，ラーニングであり，すべては教師の肩にかかっている。

✤集団としての行動の取扱いにふさわしい「ゲーム領域」

　「小学校学習指導要領解説　体育編」の第4章2内容の取扱い(3)に「集合，整頓，列の増減などの行動の仕方を身につけ，能率的で安全な集団としての行動ができるようにするための指導については，『A体つくり運動』をはじめとして，各学年の各領域において適切に行うこと」と示されている。その意味からも，ゲーム領域での取扱いは大変に有効である。たとえば，チームごとに整列して本時の課題を確認したり，ベースボール型ゲームにおいてチーム安全面に留意しながら場の準備をしたりと，多様な場面を通して能率的で安全な集団としての意識の向上を意図的に図ることができる。

　また，集団行動は，子どもたちに集団の美しさを感得させて生活に規律を保たせたり，さらには機敏さと的確さを身につけて無駄のない生活を送らせたりするだけではない。終局の目標は，チームワークとは何かということを子どもたちに知らせ，彼らが仲間とつくり上げていく，民主的な集団性と組織性を高めていく点にあることも指導者として視野に入れておきたい。

確認問題

1　鬼遊びとボールゲームとで共通する運動技能の特性は，どんな点かを考えよう。
2　低学年でのボールを使ったゲームと中学年でのボールゲームの違いをどのように捉えたらよいか考えよう。
3　それぞれのゲームを行うにあたって，用具の工夫をどのように行ったらよいか考えよう。

より深く学習するための参考文献
・金井茂夫編著『小学校指導法　体育』玉川大学出版部，2011年
・清水由『小学校体育　写真でわかる運動と指導のポイント　ボール』大修館書店，2010年
・東京学芸大学附属大泉小学校体育部監修『運動がみるみる得意になる体育の教科書』実業之日本社，2014年
・日本サッカー協会「ＪＦＡキッズ（U-8/U-10）ハンドブック」2011年
・文部科学省「小学校低学年体育（運動領域）デジタル教材」2011年
・文部科学省「小学校中学年体育（運動領域）デジタル教材」2011年
・文部科学省「学校体育実技指導資料第8集　ゲーム及びボール運動」2010年

第15章 ボール運動

　2008年の「小学校学習指導要領」の改訂後はなぜ○○型というような分け方になっているのか。それは，それぞれの種目のなかに共通した要素が多く存在し，1つの種目を通して養った能力がほかの種目にも応用できる点が多いからである。また，現在ではボールを操作する技術とボールを持たないときの動きを分離して指導することがゲーム展開能力を伸ばすために有効であるとの研究も盛んに行われているためである。また，小学校の過程では，専門種目に共通して出現する技術の基礎を学ぶことにより，生涯にわたってスポーツに親しむための「運動財」を養うことに主眼が置かれているからでもある。

キーワード

基本技術　攻撃　守備　ルール　作戦

1　ゴール型

　ゴール型の特徴は，敵陣の奥にあるゴールを目指してオフェンスがすすみ，そのゴールやエリアにボールを入れるか運び入れるゲームである。このゲームは，ゴールに近ければ近いほど得点を取る可能性が高くなる特徴も有している。このため，オフェンスはボールをゴールに近づけるために工夫を凝らす。ディフェンスもさまざまな場面において臨機応変に変化しながら，ボー

ルを自陣ゴールやエリアに近づけさせない働きかけをする。

(1) バスケットボール

チェストパスは，バスケットボール独自のパスである。手の指は大きく開き中指を上に向けて，ボールを胸の前に構える（イラスト参照）。この状態からは，パスやドリブル，シュートのどの動きでも行える構えである。この状態から足を大きく踏み込み，重心が下がった後に重心を上げながら親指を中心に押し出す。この際パスをする児童から見てボールが逆回転することを目指す。

ドリブルは，敵陣にボールを運ぶためやディフェンスから逃げるために必要な技術である。片手でボールを押して床に弾ませるには，指を大きく開きボールを進めたい方向に中指を向けて手首を折るようにして押す。ボールをディフェンスに奪われないためには，両手で交互にドリブルをする練習は欠かせない。

体格が小さい場合は筋力が少ないため，シュートは両手でチェストパスの要領でリングの上方をめがけて投げる。個人差もあるが，学年が上がり筋力もついてくれば片手のシュート技術に移行する。ワンハンド・シュートの構えは，肩，肘，手首はそれぞれ90°に近い。

レイアップシュートの練習は2人組で行う。ボールを持っている児童は，ボールの上下を手で支えシューターに捕ってもらうまで動かない。シューター（右で投げる場合）は左足で踏み切って，①空中にいる間にボールを持つ。②右，左とステップし右手で押し上げるようにシュートを打つ（ただし筋力のない児童は，両手で投げてもよい）。この際は，「ターン，タ，ターン」のようなリズムで練習をするとよい（最初の左足からのリズム）。

(2) サッカー

サッカーは「足で操作する」という点でゴール型の他種目とは大きな違いがある。思うように足を動かすことは難しく，そのような運動経験も少ない

図表15-1　立ち足とボールの位置関係

立ち足が手前

立ち足が真横

立ち足が奥

ポイント
できるだけ立ち足がボールの真横に来るようにする。
うまくいかない子どもは、立ち足が手前のことが多い。

ため手で扱う種目よりも技術習得に時間がかかる。とくに筋力の弱い低中学年にはポイントをつかんで効率よく指導し、成功体験を積ませたい。

サッカーで使われる技術は、「止める」「蹴る」「運ぶ」に大別される。

「止める」技術はトラップと呼ばれ、基本的かつ重要な技術である。ボールを足と地面の間でおさめる、まさしく"わな"にはめることである。止める足は柔らかくしてボールの力を吸収する。立ち足は膝を軽く曲げて止める足が柔軟に動かせるようにする。

「蹴る」技術は、力強いシュートやロングパスに使う「インステップキック」と短く正確なパスにかかせない「インサイドキック」がその代表である。

ボールを捉える部位は、それぞれ「足の甲」と「足の内くるぶし」あたりであるが、子どもによってポイントは多少異なるかもしれない。一番力の加わりやすい場所を探すことが大事である。また、立ち足の深さにより、ボールの強さ・正確性が決まるため助走から最後の一歩は大きくする。

「運ぶ」(「保持」する)技術は「ドリブル」である。ドリブルはつま先で"ついて"動かすのではなく、次の動作であるパスやシュートにつなげられる場所や相手に捕られないところにボールを運ぶことであり、そのためには足のどの部位でボールに触るかという技術とともに、まわりが見える姿勢を取ることが重要である。

技術習得を考えるとき、そのポイントは「身体そのもの」に向けられることが多いが、ボールと身体(足)の位置関係(図表15-1)やボールのどこを触ればボールがどのように動くのかを知ること、すなわちボールの特性を知ることが重要である(図表15-2)。また、ボールの真後ろに入ることなど、ボール

に対してのアプローチ法（準備動作）を習得することが，技術的な未熟さを補うことにもなる。これは，「学習指導要領」の改訂にともなって強調されている「ボールを持っていないときの動き」にもつながる。

（3）その他

その他のボール運動には，ハンドボール，タグラグビー，フラッグフットボールなどがあり，これらのボール運動が多くの小学校で注目されている。授業で人気のあるサッカーやバスケットボールなどは，ボールにほとんど触れることのできない児童がいるものである。これは，サッカーやバスケットボールのクラブに所属している子どもの運動についていけないことや技術が複雑であるために楽しむことができないからである。そこで，児童のほとんどが小学校で初めて行う種目が必要とされている。

タグラグビーは，ハチ

図表15-2　ボールの特性

図表15-3　タグラグビーのコート

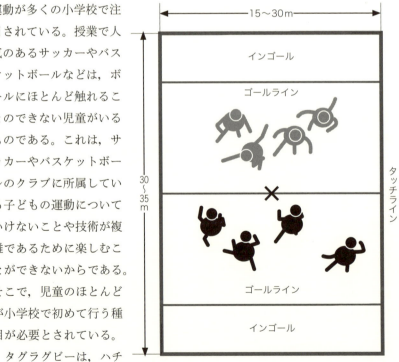

マキのような布のついたベルトを腰に巻き，楕円のボールを持っていろいろな方向に走り，味方にパス（前方にいる味方へのパスだけは禁止）をしながら，敵陣のコート内のインゴール（図表15-3）まで走り込んでボールを置いたり，「トライ」と叫んだら得点になるゲームである。しかし，ボールを持って走っている最中に相手にタグを捕られて「タグ！」と叫ばれたらおよそ3歩以内に止まってパスをしなければならないルールがある。

　このタグラグビーの基本技術としては，楕円ボールのパスである。前方には投げられないために，横や後方にいる味方へのパスという特殊な技術が必要になる。両手でボールを持ちスイングするような動作を利用して投げるが，楕円のボールが縦に回転するとパスを受ける側も捕りにくいため，できるだけ縦方向の回転がおこらないように練習を重ねるとよい。このほかには，逃げるためや追うためにいろいろな方向に走る能力さえあれば，多くの児童が簡単に楽しめる教材となる。

2　ネット型

（1）ネット型の特徴

　ネット型のボール運動の特徴には，ボールを持ってはいけないというルールがあり，オフェンスがネットで仕切られた自コートから，相手が取りにくい方法で取りにくい場所へボールを打ち込むことをめざす。また，ディフェンスは自コート内に来たボールを落とさないように拾い，そのボールを限られた回数の接触で相手に返球するゲームである。しかし，ボールを落としてはいけないというルールにより，熟練した技術が求められるため，導入段階では，ソフトバレーボールを利用したゲームやプレルボール，またルール変更をしたゲームを利用する必要がある。

（2）バレーボール

1）パス（アンダーハンド・オーバーハンド）

　アンダーハンドパスは，ネット型のゲームで多く使われる技術であるので，導入期にはしっかりとした技術を身につけさせたい。両手を組む際は，片手

の人差し指から小指までの4本の上に，他方の同じ4本の指をほぼ直角に乗せる。乗せた手の人差し指の上に両方の親指の腹を乗せて，親指の側面同士をあわせるように構える。肘は少し曲げ，その肘はボールが手首やその少し上方に当たる瞬間に伸ばす。この感覚を身につけるためには，構えている肘の近くにやや重いバスケットボールなどを乗せ，重心を前に出すと同時に肘を伸ばすようにそのボールを斜め上方に押し出すことを繰り返し練習するとよい。この感覚が身についたら実際にアンダーハンドパスの練習を行う。しかし，導入期にはボールコントロールも上手くできないために，ワンバウンドしても練習を続けさせるとよい。

　アンダーハンドパスが上手くなると低く強いボールが飛んできても拾えるようになる。こうなるとレシーブ技術としても応用できる。

　オーバーハンドパスもアンダーハンドパス同様に，主たる技術であるので，しっかりとした基本を身につけさせたい。イラストのように，額の前で親指と人差し指で大きい三角形を作るように構える。

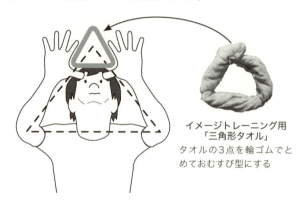

イメージトレーニング用
「三角形タオル」
タオルの3点を輪ゴムでとめておむすび型にする

このような説明が一般的であるが，写真のような道具を利用すると直感的に理解しやすい。実際にパスを行うときには，親指と人差し指，中指に力を入れてボールを押し出すのがポイントになる。

　これらのパスが上手になれば，ネットを挟んだラリーが続き一段と楽しさが増すこととなる。

2) サーブ

　導入期は，アンダーハンドサーブで正確に相手コートにボールを送ることをねらいとして，初期はネットに近い距離から始め徐々に離れるように練習

をするとよい。両手の働きは，ボールを保持する左手（右利きの場合で説明する）は下からボールを持ち，体から前方に離して，できるだけ動かさないように構える。右手は，軽く握り手のひらの厚くなった部分でボールを打つ。体全体の動きは，①足をそろえて相手コートに向かって立ち，右手のボールを打つ部分を保持したボールに添えて構え，②右足を引き右手を大きく後ろへ引くと同時に重心も後ろ足に移し低く構える，③重心を前方に伸び上がるように移動させながら右手を勢いよくボールにぶつける。この①，②，③をリズミカルに行う。

このほかにサイドハンドサーブやフローターサーブがあり，ほかの技術の習熟度に合わせて学ばせる。

3）スパイク

高く上がったボールの真下より少し後ろで，両手を下から後ろに引きながら膝を曲げ，膝を伸ばすとともに後ろに引いた手を下から上に勢いよく振り上げる。その反動で高くジャンプして，自分の最高到達点よりも少し低いところで振り上げた手を振り下ろすようにボールを斜め下方向に強く打ち込む。この技術のもっとも難しい点は，空中を移動するボールの落下位置を予測し，その落下位置に合わせて高くジャンプすることである。そのための練習としては，トスは手で投げあげてもらい繰り返し練習することである。

4）トス

スパイクを上手く打てるかどうかは，このトスによって決まるため丁寧な指導をしたい技術である。オーバーハンドパスの応用ができるためボールをとらえる位置などの指導より，スパイクを打つ味方の位置からどこに走り込んでジャンプするかを先読みする練習が必要となる。また，オーバーハンドパスのように強く遠くに飛ばすというよりは，比較的近いところに全身を伸ばすようにフワッとボールを上げるイメージで行う。

5）ブロック

強いスパイクが自分のコートに打ち込まれると，レシーブが難しくなるた

めにその勢いを止める必要が出てくる。そこで，スパイクを打たれる場所を予測し，両手を開いてジャンプしてネットより高く出す。これによって，スパイクしたボールが手に当たって相手コートに落ちたり，手に当たったボールの勢いがなくなることでレシーブを容易にすることができる。また，相手のスパイクを打ちにくくするという効果もある。

3　ベースボール型

　ベースボール型は，ゴール型などとは違い，相手（ディフェンス）に邪魔をされることはなく，獲得した技術を発揮しやすい運動である。そのため技術の善し悪しが運動の楽しさにつながる。一方，上手くいかない場合はそのミスが目立つために失敗を恐れ，周囲の目を気にするなど積極性を失うことにもなりやすい。場合によってはその運動を嫌いになりかねない。したがって，基本的な動きや技術を身につけることは重要である。それぞれのポイントをとらえた指導を行いたい。

　ベースボール型は攻防の交代すなわち「攻撃」と「守備」が明確に分けられている。攻撃に関しての技術は「打つ」であり，守備は「投げる」「捕る」である。

　中学年ではボールを手やラケットで「打つ」あるいは「蹴る」ことで攻撃し，打たれたボールを「捕り」「投げる」運動で進塁，得点を防ぐゲームを行う。これらはほかのボール運動と共通した技術も多い。ボールの大きさや使う手が両手か片手かという違いがあるが基本は同じである。

　高学年になると「捕る」ためにグローブを，「打つ」ためにバットなどの用具を使うゲームを行う。代表的なソフトボールやティーボールを行う際にはバットを使い，「バッティング」が新たな習得課題となる。

（1）ボールを捕る

　「捕る」動作はボールと"けんかをしない"ことがポイントである。怖さのために手を突き出すことがあるが，ボールの勢いにあわせて，手を少し引くとよい。まずリラックスして簡単なボールを捕ることから始める。ひとりで

直上にあげたボールを捕るような練習でボールに慣れ，恐怖心を取り除く。構えにおいては肩の前やや内側にグローブを構える上半身とともに，膝を軽く曲げリラックスした下半身の構えがポイントになる（イラスト参照）。

ボールの高低でグローブを上に向けるか下に向けるかの使い分けも必要である。基本となるキャッチボールのなかでさまざまなボール（前後，左右，ゴロ，バウンド，フライ）を組み入れて，少しずつ技術の向上を図る。

また，ゲームや試合中に上手に「捕る」ためにはボールの真後ろに入るような「予測」と「準備動作」そして「空間認識」が大切であることに気づかせたい。

(2) ボールを投げる・打つ

「投げる」「打つ」においてはいずれも"重心移動"が重要である。重心移動のためには，足を開く幅や腕・肩を後方から前方へ動かすなど全身の動きを調整することが必要である。後ろの足に体重を乗せること。その体重を前の

図表15-4 「投げる」動作のポイント

| 軸足に十分体重を乗せる | 投げたい方向に大きく踏み出す。前の肩と後ろの肩を入れ替えるように。肘を高く保つ | 前の足に体重を乗せながら腕を大きく振る | 最後まで振り切る |

図表15-5 「打つ」動作のポイント

| 後ろの足に十分体重を乗せる | バットをやや後方に構える | 前の足に体重を移動しながら | 身体の少し前でボールをとらえる。構えが先で、ここからひくことが子どもにとっては身につきやすい |

足に移していくことが共通のポイントである。

「投げる」ときは、まず、横を向くこと。手を後ろに大きく引くことが重要である。肘を高い位置に持ち上げながら、投げたい方向に足を踏み出し、足、腰、肩、肘の順番で前方へ手を大きく振っていく。身体全体をムチのようにしなやかに動かす。

「打つ」際には、体重移動を使うために後ろの足に体重をかけ、バットをやや後方に構える。これにより後ろの足に体重を乗せることができる。

スイングと同時に前の足（ピッチャー側）に体重をかけていく。腰から動き出すようなイメージで、バットは水平（やや下方）に振る。遠くへ飛ばそうという意識が、バットを下から上に出すいわゆるアッパースイングにしてしまう。バットの重さを使い、振り下ろすイメージでよい。

「打つ」ためには、重心移動とともに、身体のねじれや回転運動も必要となる。その場で素早くコマのように回転すると遠心力を使える。

子どもの運動経験、筋力の発達段階などにより重心移動を使ったほうがうまくいく子ども、回転運動を強調したほうが上手にできる子どもがいる。教師としてはどちらのほうが適しているのか、どのような言葉だと子どもが理解しやすいのか、さまざまな表現方法を持ちたいものである。

4 指導法の展開

(1) 指導のポイント

　ボール運動系の領域として，低・中学年の「ゲーム」，高学年の「ボール運動」で構成している。さらに，ボール運動は，「ゴール型」「ネット型」「ベースボール型」で内容を構成しており，これらの運動は，ルールや作戦を工夫して，集団対集団の攻防によって競争することに楽しさや喜びを味わうことができる運動である。また，注目すべき点は，これらの各カテゴリーに属するボール運動は学習内容が類似していて，ある種目を学習すれば，その学習内容がほかの種目に転移すると考えられていることである。たとえば，ハンドボールを学習すれば，そのボールを持たない動き方（状況判断力やサポートの動き）がバスケットボールやサッカーのプレーにも生かされるということである。

　ボール運動の学習指導では，互いに協力し，役割を分担して練習を行い，型に応じた技能を身につけてゲームをしたり，ルールや学習の場を工夫したりすることが学習の中心となる。また，ルールやマナーを守り，仲間とゲームの楽しさや喜びを共有することができるようにすることが大切となる。

【ゴール型】＊攻守入り乱れ系

　コート内で攻守が入り混じり，手や足などを使って攻防を組み立て，一定時間に得点を競い合うことを課題としたゲーム

- 「サッカー」「バスケットボール」「ハンドボール」（ゴール型）
- 「タグラグビー」「フラッグフット」（陣取り型）

【ネット型】＊攻守分離系

　ネットで区切られたコートの中で攻防を組み立て，一定の得点に早く達することを競い合うことを課題としたゲーム

- 「ソフトバレーボール」「プレルボール」（セット型）

【ベースボール型】＊攻守交代系

　攻守を規則的に交代し合い，一定の回数内で得点を競い合うことを課題としたゲーム

- 「ソフトボール」「ティーボール」

＊攻守入り乱れ系の方が戦術的な動きが複雑でむずかしくなり、攻守交代系の方がボール操作の技能が重要な役割を果たす。

【ボール運動領域における技能】
①ボール操作 (on the ball skill)
（ボール操作に至るための動きや守備に関わる動きに関する技能）
・ゴール型：シュート・パス・キープ
・ネット型：サービス・パス・返球
・ベースボール型：打球・捕球・送球
②ボールを持たないときの動き (off the ball movement)
（攻防のためにボールを制御する技能）
・空間・ボールの落下点・目標（区域や塁など）に走り込む
・味方をサポートする
・相手のプレーヤーをマークする，など

【簡易化されたゲーム】
　高学年でも「簡易化されたゲーム」という表現が用いられている。それは，小学生にとってボール運動（とくにゴール型）はむずかしすぎるためである。技能の差により，ゲーム中にお客様状態の子が生まれれば，その子は何もせず「楽しい体育」は生まれない。それらの状況を打破すべく，プレーヤーの数，コートの広さ，プレー上の制限（緩和），運動用具や設備など，ゲームのルールや様式を修正し，判断や技能の軽減を行い，学習課題に取り組みやすいように工夫して「簡易化されたゲーム」を行うことが必要である。

(2) 現場の声
❖技術，戦術，作戦の違い
　「中学校学習指導要領」の体育理論のなかで，技術とは運動の課題を解決するための合理的な体の動かし方であり，作戦とは「ポジション」「先行逃げ切り」などの試合を行う際の方針（相手が必要）を指す。そして戦術とは，「今，パスか？　シュートか？　キープか？」など，競技の対戦相手との競争において技術を選択する際の方針を示す。上位から作戦，戦術，技術と位置づけられることもボール運動の特徴として理解しておきたい。

❖ゲームにつながる「ドリルゲーム」「タスクゲーム」

　簡易化されたゲームであっても，技能面でのむずかしさに課題を残す。そこで，おもに記録の達成を課題にしてゲーム化した「ドリルゲーム」や，攻撃場面を意識した直接の対戦相手のいるミニゲームとして「タスクゲーム」を取り入れながら，技能的および戦術的な能力を高めたい。

> 確認問題

1　バスケットボールの基礎技能とサッカー型の基礎技能を比較して，違いについて述べよう。
2　ベースボール型の攻撃と守備それぞれの特徴について要点をまとめよう。
3　バレーボールのゲームを楽しく行うためのルール変更には，どのようなものがあるか具体例をあげてそのポイントについて述べよう。

より深く学習するための参考文献
・水口高志監修『はじめよう！ ボール運動』ベースボール・マガジン社，2014年

第16章

表現運動

　2008年3月に告示された「中学校学習指導要領」において「ダンス」が必修となり，注目されている。小学校課程においても「小学校学習指導要領」が初めて示された1947年から遊戯として「ダンス」が行われており，体育のなかでの存在が確立されていたといえる。現在では「表現運動」として，低学年で「表現リズム遊び」，中・高学年では「表現運動」が領域内容として示されている。

　人間形成に大きな影響を及ぼす年代において，自分が考えていることを動きとして表出し，表現できることは大切である。言葉がなくても他者と関わり合うことができる表現運動において，身体だけでなく心を解放することは現代においてとても重要な役割を担っているといえる。

キーワード

個性　内面　イメージ　人間性を豊かにする

1　表現リズム遊び

　低学年において「表現リズム遊び」が内容として示されている。表現リズム遊びは，いろいろな題材になりきって全身を使って動く「表現遊び」や，リズムにのって全身で弾む「リズム遊び」に分かれている。

　表現の仕方は，子どもの数だけ多様であり，授業のなかで"その子なりの"

図表16-1　表現リズム遊びと表現運動の指導内容

表現リズム遊び			
内容		表現遊び	リズム遊び（簡単なフォークダンスを含む）
低学年	技能	そのもの（題材）になりきって全身の動きで踊る 身近で特徴のある具体的な動きを多く含む題材（いろいろな動物や遊園地の乗り物など） ・題材の特徴やようすを捉え，跳ぶ・回る・ねじる・這う・すばやく走るなど，全身の動きに高低の差をつけたり早さを変えて即興的に踊る ・どこかに「大変だ!」のお話をつくって続けて踊る	リズムにのって全身で弾んで踊る 身近で軽快なリズム（ロックやサンバの曲）にのる（簡単なフォークダンスを含む） ・リズムにのって，弾む・回る・ねじる・スキップなどの動きを繰り返して即興的に踊る ・友達と手をつないだり真似し合って踊る
	態度	・運動に進んで取り組むこと ・きまりを守り，だれとでも仲良く踊ること ・友達とぶつからないよう場の安全に気をつけること	
	思考・判断	簡単な踊り方を工夫できるようにする ・基本的な動き方を知り，楽しく踊るための動きを選んだり，友達のよい動きを見つけたりすること ・題材やリズムの特徴を知り，それに合った動きを選んだり見つけたりすること	

表現運動			
内容		表現	リズムダンス
中学年	技能	題材の特徴を捉えて多様な感じを表現する 具体的な生活からの題材（○○づくり，1日の生活など） 空想の世界からの題材（○○探検，忍者や戦いなど） ・題材のおもな特徴を捉え，動きに差をつけて誇張したり，表したい感じを対立する動きや対極の動きを組み合わせてひと流れの動きで即興的に踊る ・表したい感じを中心に，場面をつなげ，「はじめと終わり」を明確にして踊る	リズムの特徴を捉えて友達と自由に踊る 弾んで踊れる軽快なテンポのロックやサンバのリズムの曲にのる 曲調やテンポが異なる曲を使う ・リズムにのって，その場で弾む，スキップで移動するなど全身で即興的に踊る ・ロックやサンバのリズムの特徴を捉えて，体の各部位でリズムをとったり，体幹部（ヘソ）でリズムにのったりして全身で踊る ・友達との掛け合いを工夫して踊る
	態度	・運動に進んで取り組むこと ・きまりを守り，友達と励まし合って練習や発表，交流をすること ・活動の場の安全を確かめること	
	思考・判断	自己の能力に適した課題を見付け，練習や発表の仕方を工夫できるようにする ・題材やリズムの特徴を知り，自分の能力に合った題材やリズムを選ぶこと ・動きのポイントを知り，楽しく踊るために自分に合った課題を見つけること ・よい動きを知り，友達のよい動きを自分の踊りに取り入れること	
内容		表現	フォークダンス
高学年	技能	動きに変化と起伏をつけて表現する 激しい感じや群の題材（自然，スポーツなど） 関心のあるテーマ（私たちの地球など） ・メリハリ（緩急強弱）のあるひと流れの動きで「はじめ・なか・終わり」や簡単な群の動きを工夫して踊る	特定の踊り方を身につけて皆で踊る 地域に伝わる踊りや世界の代表的な踊り ・ステップや対応の仕方を身につけて通して踊る ・踊りの背景や特徴を知り，皆で踊る
	態度	・運動に進んで取り組むこと ・約束を守り，互いの良さを認め合い助け合って練習や発表，交流をすること ・活動の場の安全に気を配ること	
	思考・判断	自分やグループの課題解決に向けて，練習や発表の仕方を工夫できるようにする ・課題の解決の仕方を知り，自分やグループの課題に応じた動きを選んだり，構成を変えたりすること ・自分やグループの持ち味を知り，練習や発表会，交流会で持ち味を生かす動きをつくること	

表現を見いだしてあげることや，長い期間を通してその子がどう変化したのかを見てあげることが大切である。

(1) 表現遊び

「表現遊び」では，初めての表現ということもあり，指導者が学習者のイメージしやすい身近で特徴のある題材を設定し，題材の特徴を自分なりに考え，題材そのものになりきって全身で表現することが大切である。その過程で心や体が解放され，自由に楽しく動くことができるようになるとよい。

題材の例示としては，鳥，昆虫，恐竜，動物園の動物や飛行機，遊園地の乗り物が挙げられている。題材そのものを模倣するところから，「○○が○○しているところ」（サルが木登りをしているところ，小鳥がえさをついばんでいるところ，カマキリが敵と戦っているところなど）のように，具体的でイメージのしやすい場面設定や物語を提示することで，動きにつなげやすくすることが大切である。

動きのバリエーションとしては，跳ぶ・回る・ねじる・這う・素早く走るなどの簡単な動きだが，高・低の差や速さの変化をつけることでより立体的で躍動感のある動きが生まれる。また，動きのなかに「大変！○○だ」（池に落ちた，サメが襲ってくるなど）のような場面を急変させるような展開を組み込むことで，動きのメリハリも生まれる。

【例：模倣遊び】

動物や乗り物などの例が示されているが，みんな同じであったり単調な動きになってしまったりする可能性があるため，始めはモノを使って模倣遊びをし，多様な表現があることに気づき，豊かな発想につなげられるとよい。

また，表現の導入としてモノを使って模倣遊びをすることで，子どもの目線がモノに集中するため恥ずかしさも少なくなる。指導者もモノを通して子どもの表現の仕方・動きをよく見ることができるため，子どもたちへの振り返りがしやすく，導入としてよい教材になる。

【例：模倣遊び】
道具：人形・スカーフ・新聞紙・ゴムなど形が変形しやすく，多様な質感が出るもの

（2）リズム遊び

「リズム遊び」は，軽快なリズムの音楽にのって弾んで自由に踊ったり，友達と調子を合わせたりして楽しく踊ることとされている。弾んで踊れるようなややテンポの速いロックやサンバなどの軽快なリズムの曲にのって動くことが示されており，児童にとって身近で関心の高い曲を使用するのがよいとされている。指導者の選曲により，動きや動き方も異なってくることから，選曲はとても重要である。

始めはいろいろなリズムがあることや，8カウントを簡単な動きから経験させ，次第に音のリズムにのって歩く，走る，弾む，回る，ねじる，スキップなどの動きを繰り返していくと，リズムにのることが体感できるようになっていく。

リズム遊びで大切なことは，「手を叩く」といった簡単な動きであっても，

どこで叩くのか，どう叩くのかは自由で動きに正解はないことだ。

そのため，子どもたちから出た動きを紹介しながら，多様な動き方があること，自由に動いてよいことをリズム遊びのなかで身につけられるとよい。

【例：体の部位をリズムに合わせて動かす】
〈リズム遊び〉体を動かしながらまず8カウントを覚える

2　表現運動

　中・高学年では，低学年の「表現リズム遊び」から「表現運動」へ変わり，発展させていく内容が示されている。中学年では身近にある題材だけでなく，空想の世界をイメージしながら動く「表現」，軽快なリズムにのって動く「リズムダンス」が示されている。高学年では，今までの表現の動きをひと流れの動きにしてまとまりをもたせる「表現」，世界各地で踊られている特定の踊りを皆で楽しく踊る「フォークダンス」が示されている。

　低学年の表現リズム遊びは基礎的な動きから入っていったのに対し，中高学年ではイメージを膨らませることや，動きもメリハリがありダイナミックに動けるようにしたい。

　また，指導者がリードして行っていたものを，子どもたちからアイディアを出し合ったり，グループ活動を取り入れたりすることにより，お互いの表現を認め合えるようになるとよい。

(1) 表現

中学年における「表現」では，「具体的な生活からの題材」と，それに対比する「空想の世界からの題材」が示されている。

「具体的な生活からの題材」では，「○○づくり」(粘土細工,料理など)，「一日の生活」(洗濯物,掃除,スポーツなど)など，動きの変化をつけやすいものや，動きが単発で終わらずに，ひと流れになりそうな題材を選ぶ必要がある。また，動きの流れができるため「はじめとおわり」を付けた物語のような動きにして表現できるようにしたい。

動きとしては，題材のおもな特徴をとらえて，表したい感じを大きく・小さく，速く・遅くなど，動きに差をつけて誇張したり，2人で対応する動きを繰り返したりできるとよい。

「空想の世界からの題材」では，「○○探検」(ジャングル,宇宙,海底など)など未知の世界の想像が広がる題材や，忍者や戦いなど「追いつ・追われつ」「戦い・対決」のような2人組で対比する動きを含む題材で，跳ぶ・転がる，動

【例：冒険「リンゴの木を見つけに行こう!!」】
イメージしやすいように用具を使用したり指導者が言葉で誘導しながら行う

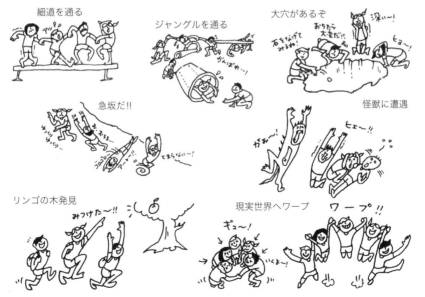

く・止まるなど対極の動きを繰り返したりできるとよい。

高学年の「表現」では、いろいろな題材から表したいイメージをとらえ、即興的に表現することや、表したいイメージを強調するように、「はじめーなかーおわり」を付けた簡単なひとまとまりの動きにして、友達とイメージを共有し、感じを込めて通して踊ることが示されている。

「いろいろな題材」とは、「激しい感じの題材」や「群(集団)が生きる題材」、また、題材を一つに固定しない「多様な題材」が挙げられている。

「激しい感じの題材」では、生活や自然から「激しく〇〇する」(満員電車、火山の爆発、嵐の中の難破船など)や「急に〇〇する」(コンピューターが壊れた、稲妻が走る、怒りの爆発など)など、変化や起伏のある動きを含む題材が示され、「群(集団)が生きる題材」では、生活や社会、自然などから「祭り」「スポーツの攻防」「街の風景」など、特徴的な群の動きや迫力のある題材が挙げられる。

また、「多様な題材」の例では、「私たちの地球」「小学校の思い出」など、社会や生活のさまざまな印象的な出来事からグループで選んだ関心のある題材を選ぶ。

動きとしては、題材の変化や起伏の特徴をとらえて、素早く走る、急に止まる、回る、ねじる、跳ぶ、転がるなどの動きを組み合わせたり繰り返したりして激しい感じや急変する感じをひと流れの動きで即興的に踊ること。構成

【例：スポーツの攻防】

としては，集まる（固まる）・離れる，合わせて動く・自由に動くなど，表したいイメージにふさわしい群の動きで即興的に踊ることができるとよい。

（2）リズムダンス

　中学年におけるリズムダンスでは，ロックやサンバなどの軽快なリズムにのって全身で弾んで踊ったり，友達と自由に関わり合ったりして楽しく踊ることができるようにするとあるように，音楽やリズムに自然と身体がのる状況を創ることが大切である。そのことから，授業においてどの場面でどのような音楽を使うかといった選曲はとても難しく，授業の成功は選曲が握っているといっても過言ではない。

　ロックやサンバなどのいろいろなリズムのなかでも，速さや曲調の異なるものを上手く組み合わせて，さまざまな動きを体験したい。動きとしては，リズムにのってその場で弾む，スキップで移動するなど即興的に踊ることが示されている。そのなかでも，動きにアクセントを付け，ねじる・回るなどの動きを組み合わせたり，素早い動きやストップモーションなどを入れたりすることで，動きの連続性も追求することができる。

　指導初期には，リズムののり方は指導者主体で行ったほうがよいが，それ以降は指導者が一方的に動きを教え込むのではなく，リズムに合わせて自由な動きができるとよい。また，低学年のリズム遊びから発展させていくことから，2人組や3人組などのグループ活動として展開することで，指導者主体からグループの活動に切り替え，誰とでも仲良く即興的に踊ることにつなげていけるとよい。

【例：リズムののり方】

〈ロック〉弾みや後打ち
（後拍が強調された弱起のリズムのビートでアフタービートともいう）
　ヘソを中心に上下に動いているか，全身を使っているかみる。

〈サンバ〉
「ウンタッタ」のシンコペーションのリズムの特徴を体感し,体幹部（ヘソ）を前後に動かし,リズムをとる。軽快なリズムに乗って全身で踊ること。手をつけることで全身運動になる。

〈友達と動く〉
・ミラーの動き　　　　　　　・関わる動き
お互いの動きを真似し合う　　手をつないで回る／高低差をつけたポーズなど

(3) フォークダンス

　高学年で示されている「フォークダンス」は，外国から取り入れられた民俗舞踊などの踊りを指すが，学習指導要領に"日本の民踊を含む"と示されているため，伝承されてきた日本の地域の踊りも含まれる。各民族・各地方に伝わる民俗舞踊は多種多様である。軽快なリズムの踊りや力強い踊りなど特徴が異なる動きや，簡単な隊形・組み方などで構成されている。

　表現やリズムダンスとは異なり，特定の踊り方を再現して踊る定型の学習で進められる。しかし，ただ踊るだけでなく，日本のいろいろな地域や世界の文化に触れることができ，それに伴って動きも深く理解することができる。

　動きは誰もが踊れる容易なものが多く，基本的なステップや動きを身につけることで，みんなと楽しく踊って交流することができる。

　特徴的な隊形や構成の踊りが多いため，全体で動きを合わせてスムーズに隊形移動しながら踊ることを大切にしたい。

指導に際しては，踊りに必要な簡単な小道具や衣装を工夫し，踊りに伴う掛け声を付けたりして踊りの雰囲気を高められることから，運動会などにフォークダンスを用いる学校も多い。

【日本の民踊】

○力強い踊り

- ソーラン節（北海道）：北海道日本海沿岸でのニシン漁の際に唄われた漁師たちの力強く躍動感あふれる姿を表しており，重心を低く構え，踏みしめるような足取りや腰の動きで踊る。
- エイサー（沖縄）：盆の時期に踊られ，祖先の霊が無事に後生へ行くことを祈願して踊られる。

○軽快なリズム

- 阿波踊り（徳島）：徳島城の落成を祝って城下の住民が踊った踊りであり，細かい足さばきや手ぶりを合わせ，アップのリズム取りで上に押し上げるような動きが特徴的である。

【外国のフォークダンス】

- マイムマイム（イスラエル）：みんなで手をつなぎ，力強くステップを踏みながら移動していく。水を見つけた喜びを表現している。
- ジェンカ（フィンランド）：前の人の肩に手を置き，列になって簡単なステップで動いていく。
- コロブチカ（ロシア）：内円・外円と2重になり向かい合いながら，スリーステップターンなどの軽快なステップで動きを合わせたり，パートナーチェンジで動きをスムーズにしたりしながら踊る。

3　指導法の展開

(1) 指導のポイント

1）低学年「表現リズム遊び」

「表現遊び」と「リズム遊び」の両方の遊びを豊かに体験するなかで，中学年からの表現運動につながる即興的な身体表現能力やリズムにのって踊る能力，コミュニケーション能力などを培えるようにする。

【そのために】(□表現遊び　■リズム遊び)
- 児童の身近で，興味・関心が高い題材を選ぶ(□)
- 具体的で特徴のある動きを多く含み，全身で動ける題材を選ぶ(□)
- 高・低の差や速さの変化がつけられる題材を選ぶ(□)
- 動きを引き出すための言葉がけをする(□■)
- 弾んで踊れるような軽快なリズムの音楽を取りあげる(■)
  (アニメや流行りの曲，アクセントが明快な曲)
- 1時間のなかに「表現遊び」と「リズム遊び」の2つの内容を組み合わせたり関連をもたせたりする(□■)
- 心と体を解放し，表現しやすくする(□■)

2)中・高学年「表現運動」
児童一人ひとりが踊りの楽しさや喜びに十分に触れられるようにする。
【そのために】(○中学年「表現」　●高学年「表現」)
- イメージが広がり，多様な感じの動きがある題材(○)
- 未知の想像が広がる題材やスリルのある非日常的な題材(○)
- 激しい感じの題材，群(集団)が生きる題材，多様な題材(●)
- イメージをふくらませ，動きを引き出す言葉がけを工夫する(○●)
- 心と体を解放し，表現しやすくする(○●)

【そのために】(◇中学年「リズムダンス」　◆高学年「フォークダンス」)
- 軽快なリズムで，全身で弾むような曲を選ぶ(◇)
- いろいろな速さや曲調の異なるものを取りあげる(◇)
- 代表的で親しまれた日本の民謡，外国のフォークダンスを選ぶ(◆)
- イメージをふくらませ，動きを引き出す言葉がけを工夫する(◇◆)
- 心と体を解放し，表現しやすくする(◇◆)

(2) 現場の声

✤「心と体を解放し，表現しやすくする」

　いろいろなものになりきりやすく，律動的な(規則的に動きが繰り返されるようなリズミカルな)活動を好む低学年の特性にあっては，明るく軽快な曲を利

用して，教師や友達のまねをした「ミラーごっこ」をしたり，友達と一緒にリズムを合わせた「ジャンケン列車」をしたりと，心と体を解放することへの抵抗は少ない。一方で，思春期にかかる高学年に近づくほど，心と体の解放が難しくなり，こうした準備運動がますます重要である。心と体が解放されなければ，友達同士で恥ずかしさが先行してしまい，題材から思いつくままにとらえた動きを基に，動きを誇張したり，変化をつけたりして，「ひと流れの動き」に即興的に表現することはまず不可能である。そうした意味で，「エアースポーツ」で選手になりきったり，「新聞紙に変身」で教師の扱う新聞紙の動きに体を合わせたりと，児童の実態に合わせてさまざまな取り組みを行うためにも，教師も一緒に心を解放して取り組むことが大切である。

❖子どものイメージを群（集団）の動きに引き出す

「小学校学習指導要領解説　体育編」の「高学年　ア　表現」の例示によると，「集まる（固まる）・離れる，合わせて動く・自由に動くなど，表したいイメージにふさわしい簡単な群の動きで即興的に踊ること」が示されている。授業において，児童のイメージをこうした感じを込めた表現にしていくことは大変にむずかしい。それは，題材に対する子どものイメージを豊かにすることであったり，そのイメージを身体で表現していくことであったりするからである。さらに「集まる」にも，「順々に」「交互に」「ばらばらに」「一度に」など，さまざまな表現方法が考えられる。子どもの表したいイメージとそれにふさわしい群の動きをすり合わせていくには教師の関わり方が重要となる。たとえば，心と体の解放を主たる目的とした教師主導の準備運動（慣れの運動）において，徐々にイメージに合わせた動きの要素を入れていくことも考えられる。花火であれば，「一度に」花咲くような花火，「順々に」輝くナイヤガラ，「交互に」そして「ばらばらに」鳴り響くスターマインなど，クラス全体でこうした表現を通して動きの要素をしっかり教え，それを基に個やグループが題材や動きを広げていくようにもできる。「動いている＝体育の学力」ではないところを確認したい。

| 確認問題 |

1 表現運動における,学習者の評価の観点を述べよう。
2 低学年・中学年・高学年の各学年時における,指導者の関わり方の違いを述べよう。
3 「スポーツの攻防」や「冒険」などのように,グループ創作に発展することができる題材を考えよう。

より深く学習するための参考文献
・相場了編『今を生きる子どもたち』アイオーエム,2010年
・金井茂夫編著『小学校指導法 体育』玉川大学出版部,2011年
・全国ダンス表現運動授業研究会『明日からトライ! ダンスの授業』大修館書店,2011年
・村田芳子編『最新 楽しい表現運動・ダンス』小学館,1998年
・村田芳子編『最新 楽しいリズムダンス・現代的なリズムのダンス』小学館,2002年

執筆分担

高島二郎（たかしま・じろう）＝編著者，第3章
玉川大学教育学部教授

川崎登志喜（かわさき・としき）＝編著者，はじめに，第1章，第12章第1～3節
玉川大学教育学部教授

佐々木一高（ささき・いっこう）＝第2章，第9章，第10章第4節，第11章第4節，第12章第4節，第13章第5節，第14章第3節，第15章第4節，第16章第3節
横浜市立葛野小学校主幹教諭

国見保夫（くにみ・やすお）＝第4章，第15章第1節(1)(3)・第2節
玉川大学教育学部教授

工藤　亘（くどう・わたる）＝第5章，第10章第1～3節
玉川大学教育学部准教授

古村　溝（こむら・こう）＝第6章，第14章第1～3節
鹿児島国際大学福祉社会学部准教授

山田信幸（やまだ・のぶゆき）＝第7章，第15章第1節(2)・第3節
玉川大学教育学部准教授

小野一泰（おの・かずやす）＝第8章
玉川学園教諭

山下　誠（やました・まこと）＝第11章第1～3節
玉川大学学術研究所准教授

浪越一喜（なみこし・いつき）＝第13章第1～4節
帝京大学教育学部准教授

松原優香（まつばら・ゆか），小野眞理子（おの・まりこ）＝第16章第1，2節
玉川学園教諭

大崎真記子＝第16章イラスト　株式会社ヴェリタ デザイン室＝第3章，第9～15章イラスト

教科力シリーズ

小学校体育

2015年2月25日　初版第1刷発行

編著者 ——— 高島二郎，川崎登志喜
発行者 ——— 小原芳明
発行所 ——— 玉川大学出版部
　　　　　　〒194-8610 東京都町田市玉川学園6-1-1
　　　　　　TEL 042-739-8935　FAX 042-739-8940
　　　　　　http://www.tamagawa.jp/up/
　　　　　　振替：00180-7-26665

装幀 ————— しまうまデザイン
印刷・製本 ——— モリモト印刷株式会社

乱丁・落丁本はお取り替えいたします。
Ⓒ Jiro TAKASHIMA, Toshiki KAWASAKI 2015　Printed in Japan
ISBN978-4-472-40505-1 C3337 / NDC375